CB076900

FERNANDA HERNANDES RASMUSSEN

+QV

mais que vencedoras

Vida

Editora Vida
Rua Conde de Sarzedas, 246 Liberdade
CEP 01512-070 São Paulo, SP
Tel.: 0 xx 11 2618 7000
atendimento@editoravida.com.br
www.editoravida.com.br

©2021, Fernanda Hernandes Rasmussen

Todos os direitos desta obra reservados por Editora Vida

PROIBIDA A REPRODUÇÃO POR QUAISQUER MEIOS, SALVO EM BREVES CITAÇÕES, COM INDICAÇÃO DA FONTE.

Editor responsável: Gisele Romão da Cruz
Editor-assistente: Amanda Santos
Preparação de texto: Claudia Pires Tavares e Equipe Vida
Revisão de provas: Sônia Freire Lula Almeida
Projeto gráfico e diagramação: Claudia Fatel Lino
Capa: Arte Vida

Scripture quotations taken from *Bíblia Sagrada, Nova Versão Internacional, NVI* ® Copyright © 1993, 2000 by International Bible Society ®. Used by permission IBS-STL U.S. All rights reserved worldwide. Edição publicada por Editora Vida, salvo indicação em contrário.

Todas as citações bíblicas e de terceiros foram adaptadas segundo o Acordo Ortográfico da Língua Portuguesa, assinado em 1990, em vigor desde janeiro de 2009.

1ª **edição**: set. 2021
1ª reimp.: nov. 2021

Dados Internacionais de Catalogação na Publicação (CIP)
(Câmara Brasileira do Livro, SP, Brasil)

Hernandes Rasmussen, Fernanda

Mais que vencedoras / Fernanda Hernandes Rasmussen. -- 1. ed. -- São Paulo, SP : Editora Vida, 2021.

ISBN: 978-65-5584-234-0
e-ISBN: 978-65-5584-235-7

1. Autoajuda 2. Autoconhecimento 3. Coragem - Aspectos religiosos 4. Mulheres cristãs 5. Vida espiritual - Cristianismo I. Título.

21-67543   CDD-248.843

Índices para catálogo sistemático:
1. Mulheres cristãs : Cristianismo 248.843
Aline Graziele Benitez - Bibliotecária - CRB-1/3129

VOCÊ É CRIAÇÃO AMADA DE DEUS.

Apesar das dificuldades inerentes
ao caminho que você trilhar,
Deus nunca fará você passar por nada
além do que pode suportar — ele a tornará

MAIS QUE VENCEDORA!

+QV

dedicatória

Em primeiro lugar, agradeço e dedico este livro ao meu Salvador! Sem ele, Jesus, nenhuma das palavras escritas aqui seriam registradas.

Também aos meus pais, que me deram o exemplo e ensinamento de uma vida dedicada ao próximo. Por intermédio deles descobri o que significa amor incondicional.

Ao meu esposo Douglas, que ilumina os meus dias com seu cuidado, amor e aliança.

Aos meus quatro filhos: David, Carol, Noah e Benjamin. Sem eles eu nunca teria descoberto a maternidade que tanto me transformou nem a essência desse amor supremo... de ser mãe. Dedico também aos meus queridos irmãos, Tid e Biel, que sempre me apoiaram em tudo.

Dedico em especial ao Tid, meu amado irmão mais velho que já descansa no Senhor. Muitos dos ensinamentos que trago aqui descobrimos juntos e são fruto de conversas decisivas para a minha jornada! Sou grata a Deus pelo privilégio de todos os anos que pudemos conviver e pelas marcas de amor que ele eternizou em mim.

Dedico ainda à minha amada família Renascer em Cristo, pois foi no seio da igreja que descobri a minha identidade em Deus e amigos mais chegados que irmãos, além de amigas-irmãs que tanto me apoiam. Agradeço ainda ao Projeto e ao Exército +QV, pois juntas descobrimos o que realmente é ser "mais que vencedoras".

Por fim e não menos importante, dedico este livro a você que confiou em mim. Espero que nestes 12 capítulos você descubra, como eu descobri, a sua melhor versão...

Saiba que ela vem envolta em amor!

Sumário

Prefácio..................................10

Introdução.............................14

Filosofia +QV.........................22

Capítulo 1
27 Autoconhecimento

Capítulo 2
De bem com o passado 69

Capítulo 3
97 Sonhos

Capítulo 4
Gerenciando emoções 119

Capítulo 5
145 O código

Capítulo 6
167 Poder da superação

Capítulo 7
Avanço 181

Capítulo 8
199 Atravessar o portal

Capítulo 9
Forças vitais 219

Capítulo 10
239 *Mindset* vencedor

Capítulo 11
Conquista da sabedoria 253

Capítulo 12
267 Comunidade Pink

Conclusão................282

+QV

prefácio

Fernanda, nossa filha amada, é uma pessoa muito especial, diferenciada em tudo. Desde muito nova, sempre foi muito determinada, responsável, dedicada e amorosa. Ela cresceu assim: com um grande temor a Deus, formada por grandes experiências com o Espírito Santo; nunca teve medo de desafios, de enfrentar lutas, de buscar respostas, de aprender e de crescer.

A bispa Fê, como é conhecida, estudou muito. Ela se capacitou, se preparou para ser uma mulher de Deus e uma profissional que fizesse diferença neste mundo. Deus deu a ela a bênção de um casamento maravilhoso com o Douglas. Eles têm quatro filhos fantásticos que são a nossa alegria: David, Carol, Noah e Ben. É fantástico como ela tem conseguido conciliar de maneira maravilhosa e com muita sabedoria os papéis de esposa, mãe, serva de Deus, profissional e líder.

Temos muito orgulho da trajetória dela em todos os sentidos. Profissionalmente, sempre esteve envolvida com a comunicação, desde o Clipe Gospel até o programa De Bem com a Vida, passando por programas de rádio, levando a boa notícia todos os dias. No tempo do lançamento deste livro, em que estamos enfrentando a pandemia por Covid-19, ela provou mais uma vez que está neste mundo para fazer diferença! Fernanda tem sido um farol para as mulheres, levando palavras e ensinamentos preciosos por intermédio de *lives* e da mentoria da Saga Mulheres Mais que Vencedoras (+QV).

Ela é a precursora, com a bispa Sonia, do projeto Mulheres Mais que Vencedoras (+QV); saga que nasceu no coração de Deus e que foi plantada no coração de ambas como um grande ministério para auxiliar milhares de mulheres ao levar a Palavra com profundidade, não algo superficial ou teórico, desafiando as mulheres para que encontrem sua verdadeira identidade, de modo que sejam transformadas, decisivas, mães, esposas participativas e empoderadas, ou seja, mulheres que fazem a diferença.

O +QV é uma grande arma espiritual que tem impactado mulheres, no Brasil e no exterior, e que tem trazido o que é a essência da criação: a mulher, como serva de Deus, ocupando espaços importantes na sociedade, na vida profissional e, sobretudo, ocupando seu espaço espiritual. Essa mulher busca a Deus, ministra, leva a Palavra, deixando-se usar de forma transformadora. Esta é a grande diferença!

Com este livro, você, leitora, terá a oportunidade de conhecer os segredos desse projeto, ao ser guiada, nestes 12 capítulos, por um caminho de aprendizado para se tornar uma mulher participativa, envolvida com as questões do nosso tempo e principalmente conhecedora dos mistérios espirituais para aplicá-los à sua vida diária.

Este livro é uma grande chave espiritual para mudar a sua vida! Temos certeza absoluta de que abençoará milhares de pessoas, de que a mensagem profunda de cada desafio, ensinamento, que é o verdadeiro discipulado, vai gerar uma grande transformação. Onde quer que haja água será transformada em vinho; onde não houver visão haverá clareza; onde houver incerteza haverá convicção; onde não existir perspectiva haverá futuro. Isso é o que realmente significa ser +QV.

Este é o primeiro livro editado da bispa Fê, ou seja, são as primícias! Quando as primícias são consagradas a Deus, os frutos certamente aparecem.

Nossa vontade, nosso maior desejo, é que cada pessoa que dedicar tempo para ler este livro — homens e mulheres — seja impactada e transformada por esta mensagem forte e verdadeira a ponto de aplicar seu ensino no dia a dia e viver as promessas de Deus.

Temos a absoluta convicção de que os leitores não terminarão esta leitura da forma em que começaram.

Deus abençoe e boa leitura!

Apóstolo Estevam Hernandes
e Bispa Sonia Hernandes

+QV

introdução

Eu não sei quantos anos você tem hoje. Também não faço a mínima ideia de quantos desafios você já enfrentou durante a sua vida. Da mesma maneira, não sei exatamente que tipos de problema você enfrenta neste momento. Uma coisa, porém, eu posso dizer com absoluta certeza: existe uma maneira mais fácil de passar por esses momentos. O objetivo deste livro é apresentar a você um caminho.

Não espere ouvir conselhos genéricos ou mensagens superficiais como: "Vai passar, acredite!". Também não espere que eu minimize as dificuldades ou ignore a dor, porque esse não é o melhor caminho. A nossa jornada será marcada por muita clareza e entendimento completo de como ativar um momento único e incomparável de transformação na sua vida. Em cada capítulo, apresento a oportunidade de conhecer os detalhes de uma filosofia de vida que ensinará você a ser bem-sucedida.

Em outras palavras, o conhecimento que está nas suas mãos não existe para ser lido e esquecido. A minha meta é que cada palavra possa penetrar totalmente na sua mente e no seu coração. Serão palavras de ânimo e de esperança, mas principalmente de liberdade e consciência total. Você irá aprender a enxergar a realidade, encará-la e agir para mudá-la.

Preste muita atenção nestes passos

1 — Ter a capacidade de enxergar
2 — Ter a coragem de encarar
3 — Ter a sabedoria para agir

Muitas pessoas sofrem porque agem sem saber exatamente o que está acontecendo e sem ter clareza da situação. Outros não dedicam tempo para encarar e analisar com sabedoria o que enfrentam, o desafio, aquilo que precisa ser mudado. E é exatamente isso que iremos fazer juntas. Preparada?

Como eu disse, eu não sei qual é a sua idade, mas eu vou dizer a minha e o porquê de falar sobre tempo é algo tão importante neste momento. Hoje, no momento em que estou finalizando este livro, tenho 40 anos. Posso dizer que muitos desses anos foram vividos com momentos intensos, muito intensos. A minha versão "40 anos" é muito melhor, mais forte. É alguém que enxerga com muito mais clareza, exatamente por causa dessas experiências intensas. Infelizmente, porém, muitas pessoas que também tiveram momentos de dificuldade e desafios na vida não aprenderam a transformar isso em um impulso para uma realidade melhor e transformada.

Pare agora e tente lembrar-se de momentos intensos da sua vida. Eles tornaram você mais forte? Ou fizeram você ficar mais frustrada ou desanimada? As marcas do tempo na sua vida servem de acelerador ou de freio?

"Toda grande jornada começa com o primeiro passo." Eu aprendi esse provérbio chinês com o meu pai, o apóstolo Estevam Hernandes. Desde muito cedo, essa semente foi plantada na minha vida. Eu sabia que tudo exigia o primeiro passo, que era necessário esforço contínuo, caminhar constante.

Quando você começa a dar um novo significado às dificuldades como oportunidades de crescimento, é possível se alegrar mesmo no momento da dor. Esta é a filosofia de vida que acredito: *Somos mais que vencedoras*.

Pense um pouco sobre isto: o que é ser mais que vencedora? A resposta é simples: alguém que está continuamente vencendo, que aprende com as lutas e segue avançando. Contudo, o questionamento deve ser mais profundo: será que alguém só vive dias felizes e maravilhosos? Você já conhece a resposta a essa pergunta, não é mesmo? É claro que não. No entanto, mesmo diante da dor, da dificuldade, mesmo no dia do sofrimento, entendemos e acreditamos que a situação é temporária. Em outras palavras, a derrota é apenas um intervalo antes da próxima vitória.

O grande problema é: como viver essa filosofia de vida verdadeiramente? Qual é o caminho? Como dar o primeiro passo dessa grande jornada?

Bem, eu gostaria de dar os parabéns a você. Começando a leitura deste livro, você deu o primeiro passo. Agora, eu vou conduzir você para o passo que a ajudará a avançar.

Comece a assumir responsabilidade pela sua transformação e você verá as primeiras mudanças. Quando eu decidi assumir a responsabilidade de ter uma família, por exemplo, aquela decisão gerou uma mudança na minha mente, quase imediatamente. É assim que acontece: decisões mudam comportamentos. Quando você toma uma decisão, você muda a sua maneira de pensar.

Por isso, em vez de ficar pensando "Vou fazer A ou B", comece a pensar "Decidi fazer A. Agora, vou escolher a melhor maneira para fazer isso". Eu, por exemplo, tinha dúvidas se deveria começar a escrever este livro, mas tomei a decisão: "Vou escrever o livro". Na sequência, a minha mente começou a trabalhar de uma maneira diferente e comecei a pensar: "Qual é a melhor maneira de escrever? Qual é a mensagem que quero compartilhar?".

Antes de avançar, quero contar como foi a tomada de decisão final para iniciar este projeto. A ideia de escrever um livro surgiu pela primeira vez há cerca de dois anos. Eu comecei a escutar pessoas diferentes em situações completamente distintas falando a mesma coisa: "Escreva um livro", "Compartilhe essa mensagem", "Você precisa compartilhar essas experiências com mais pessoas".

Quando isso começou a se tornar recorrente, comecei a pensar a respeito, e aquele pensamento se transformou em um desejo, que foi se transformando em sonho. Passei a refletir sobre a história da minha vida, a pensar que tudo o que aconteceu comigo tinha um propósito muito específico, que me preparou para esta jornada.

Recebi um sinal definitivo de Deus na manhã de um domingo em que ministrei na nossa igreja em Moema. Ao terminar, encontrei uma amiga querida, Márcia, um grande exemplo de superação e fé. Naquele dia, ela me pediu para conversar em particular e fomos para uma sala reservada. Com todo carinho, ela me deu uma linda caixa de presente contendo uma caneta Mont Blanc marrom com um topázio rosa — uma caneta de uma coleção especial. Fiquei emocionada e agradeci muito.

Ela, então, me contou que tinha comprado aquela caneta em uma das suas viagens, pois era um desejo dela. No momento da compra, o Santo Espírito a direcionou a comprar duas canetas e guardar a segunda para um momento especial. Ela fez isso e aquela caneta ficou guardada por alguns anos. Naquela manhã, no entanto, o Senhor lhe tinha dito que entregasse aquela caneta para que eu escrevesse um livro. Enquanto ela falava, lágrimas rolavam pelo meu rosto, pois era a confirmação que eu havia pedido. Entendi aquele gesto com sinal de Deus. Tive certeza de que o meu melhor amigo, Jesus, estaria comigo no projeto.

Logo após aquele encontro, no entanto, eu mudei de país e levou algum tempo para que eu e a minha família nos adaptássemos à nova rotina. Quando percebi, o tempo tinha passado, e eu ainda não tinha concretizado o projeto do livro. Alguns anos se passaram desde então. Muitos rascunhos foram escritos e reescritos. Nesse período de quarentena, porém, decidi finalmente viabilizar esse projeto. Mais do que nunca, senti a real necessidade de fazer a minha parte, deixar o meu legado, compartilhar as minhas experiências que, tenho certeza, podem ajudar você a crescer e ser transformada.

Foram muitas as experiências! Desde a minha infância, foi-me dada muita responsabilidade. Logo cedo, ainda menina, eu já estava envolvida nos cuidados da saúde do meu irmão mais velho, na criação do meu irmão mais novo e ainda ajudava a minha mãe na gestão da casa. Tudo isso me formou, me habilitou, gerando a mulher que sou hoje. Mais tarde, uma das minhas maiores conquistas foi o início da minha família. No momento em que fiquei noiva e me comprometi a casar, ali nasceu uma responsabilidade muito importante para mim. Também nessa fase foram muitos desafios, muita superação, muitas experiências que me fizeram ser cada dia mais grata pela família que o Senhor me deu.

Muitas pessoas acreditam que, por ter nascido em um lar cristão e ter sido criada por dois dos maiores líderes evangélicos do país, eu não tenha enfrentado problemas. Isso não é verdade. Vejam, meus pais são maravilhosos, os melhores que uma pessoa poderia desejar ter, eu jamais poderia ter tido ou almejado uma formação melhor, mas as nossas experiências com Deus são individuais.

Quando entende que tudo na sua vida pode servir de aprendizado e crescimento, você rapidamente elimina qualquer tipo de vitimismo. Passa a entender o que é ser mais que vencedora, passa a encarar o seu passado de maneira diferente, passa a viver o presente de maneira mais leve. Esta também será a sua realidade vitoriosa. O que você precisa fazer agora? Neste momento, o que eu peço a você é apenas uma decisão. Por quê? Porque decisão gera INTENSIDADE.

A intensidade, por sua vez, gera a verdadeira transformação. Tome a decisão de embarcar nesta jornada, de percorrer comigo um caminho que transformou a minha vida e, tenho certeza, que também vai transformar a sua. É uma jornada de novos começos, de ressignificação, de mudança radical de *mindset,* ou mentalidade.

Chegou a hora de começar algo novo! Amo os novos começos, porque me animam e me fazem sonhar! Começar é um dos maiores desafios impostos aos seres humanos. Tudo que começamos na vida representa um desafio. Começar a dirigir, a namorar, começar uma família, começar um novo emprego. Embora os começos nos assustem e tragam à tona inseguranças e medos, são necessários para que realizemos sonhos.

Aqui pretendo dividir um pouco da minha experiência e de como aprendi a lidar com as situações difíceis e amadurecer ao longo do caminho. Essa postura me ajudou a vencer os meus medos, a sair do fundo do poço. Veja bem, não tive apenas um fundo de poço, tive vários. Descobri, porém, que, cada vez que chegava ao fundo, a minha única opção era olhar para cima. Também descobri na prática que realmente o fundo do poço tem molas que me impulsionam para cima, sempre e cada vez mais forte: a minha fé, a minha coragem e as minhas convicções, a minha garra de não aceitar ser derrotada e de não entregar os pontos. Ah, essa força sempre esteve presente, mesmo nas minhas maiores fraquezas!

Foi justamente ao passar por um desses vales que nasceu no meu coração um projeto maravilhoso: O Mulheres Mais que Vencedoras (+QV). Esse projeto me salvou!

A minha mãe, bispa Sonia Hernandes, e eu começamos a implantar o projeto com um grupo de 300 meninas. Em pouco tempo, pudemos ver na vida delas a mesma transformação que eu tinha vivido.

Entendi, então, que deveria multiplicar a força dessa experiência: hoje nosso grupo é composto por mais de 30 mil mulheres ativas em todo o Brasil, vivendo novos desafios e novas conquistas. Estamos nos aperfeiçoando e nos transformando em nossa melhor versão, um desafio que todos os dias reforço com elas e comigo mesma.

Neste livro, apresento um plano para transformar a sua vida. Ele está dividido em 12 capítulos, cada um deles corresponde a um passo do processo de transformação. Vamos falar, entre outros temas, de autoconhecimento, de como você pode fazer as pazes com o seu passado, de sonhos, de como gerenciar as suas emoções, da importância da Palavra de Deus e de como podemos mudar nosso *mindset* para sermos mais que vencedoras.

Essa jornada funcionou comigo e tenho certeza de que, se você se dispuser a aprender e abrir o seu coração, funcionará com você também. Todos nós nascemos com potenciais a serem desenvolvidos, mas, para isso, temos de nos aperfeiçoar por meio de estudo e experiências. Ter uma profunda amizade com Deus me ajudou a construir e a edificar os meus milagres.

Quer descobrir esse segredo também? Então, vamos lá!

Convido você a fazer esta jornada comigo agora, a percorrer este caminho que, com certeza, vai mudar a sua história e transformar você em uma mulher *Mais que vencedora*.

+QV

filosofia +QV

Para que você possa tirar o melhor proveito da nossa jornada juntas, apresento aqui como nasceu o nosso projeto.

O projeto mulheres *Mais que vencedoras* (+QV) pode ser considerado uma filosofia de vida, sim, mas certamente é muito mais do que isso! É uma verdadeira missão que Deus entregou para mim e para minha mãe, um trabalho que tem transformado a vida de muitas mulheres nos últimos anos!

O *Mais que vencedoras* (+QV) é um movimento feminino, de mulheres empoderadas que têm como marca a superação. É um projeto inspirado no nosso relacionamento pessoal, entre mãe e filha, que sempre esteve, em tudo, direcionado pelo Senhor. Por esse motivo, a base da "Filosofia +QV" é um princípio espiritual:

> [...] *mais do que vencedores, por meio daquele que nos amou.* (Romanos 8.37)

O relacionamento que tenho com a minha mãe é um dos maiores presentes de Deus na minha vida! Além de mãe e filha, somos amigas, companheiras e confidentes. A bispa Sonia é a minha pastora, mestra, mentora e a minha aliança de oração. Aprendi muito com ela. Hoje, eu sou a mesma referência para a minha filha, Carol.

Minha filha e eu somos a continuidade dessa revolução, que começou na década de 1980, quando a minha mãe rompeu paradigmas e preconceitos e abriu espaços para que outras mulheres pudessem não apenas ter um lugar no altar, mas uma voz.

A bispa Sonia foi a primeira pastora a apresentar programas de TV e rádio em rede nacional, a primeira bispa do Brasil, e a primeira a ter seus estudos e comentários registrados em uma Bíblia no país. Eu a acompanhei em toda essa jornada. Lembro-me dela saindo de casa para pregar, trabalhar e apresentar programas de TV. Incansável, dia e noite, dando o melhor em um tempo em que as mulheres não eram reconhecidas como ministras.

Minha mãe deu voz às mulheres. Provou que podemos ministrar, ter família, dirigir louvor, trabalhar, casar e ainda ser femininas, bonitas, parceiras dos nossos maridos e boas mães para nossos filhos. Aprendi com ela que não temos de ser supermulheres, mas precisamos ser persistentes e convictas daquilo que somos e do potencial que Deus plantou em nosso interior. Precisamos acreditar em nós mesmas.

Sinto-me realizada quando vejo outras mulheres sendo transformadas e encontrando dentro de si esses potenciais incríveis, muitas vezes abafados pelas circunstâncias e lutas de toda a vida.

Esse projeto nasceu em 2013, formando uma rede de discipulado com o intuito de mudar a história do ministério feminino no Brasil. É um trabalho de *spiritual coach,* que consiste no crescimento pessoal e espiritual com base na restauração de valores e princípios que levam as mulheres a viver uma vida vencedora em diferentes áreas.

Desde o início do projeto, mais de 40 mil mulheres já participaram no Brasil, nos Estados Unidos e em outros países. Nossa metodologia conta com encontros presenciais mensais — transmitidos pela TV e pelas redes sociais — e uma forte rede de discipulado (acompanhamento).

Como não poderia deixar de ser, tudo o que fazemos tem como base princípios espirituais. Buscamos praticar o amor ao próximo de maneira intuitiva e prazerosa, fazendo desse mandamento um estilo de vida. Assim também funciona com os demais desafios: aplicamos isso na nossa vida prática, com exemplos e amor; não apenas repetimos uma série de regras a serem seguidas. Por meio de leituras diárias e atividades semanais, o +QV abriu portas para que muitas mulheres passassem a explorar o melhor do seu potencial.

Funciona da seguinte maneira: cada mulher que deseja participar do projeto torna-se uma discípula e entra em um grupo coordenado por uma discipuladora. Como é bom ter apoio quando precisamos! Como faz diferença compartilhar o que sentimos, orar umas pelas outras, além de poder contar com a experiêcia de outras mulheres!

Eu poderia contar diversas experiências de mulheres que foram curadas — fisicamente e emocionalmente — e fortalecidas pela prática e por experiências com o Criador.

Eu me proponho, a partir do momento em que você mergulhou neste livro, ajudar você a trilhar este caminho. Serei sua discipuladora, sua mentora e vou ajudar você a superar limites, a vencer lutas, a ter mais autoestima e autoconfiança, a ser mais organizada e focada, enfim, a alçar voos mais altos. Está preparada? Você se identificou?

Então, saia dessa tristeza, pinte-se (minha mãe costuma dizer que índio quando vai para a guerra se pinta!), e vamos embora ser +QV daqui em diante. Vamos seguir esse caminho juntas e deixar aflorar essa mulher sensacional que existe dentro de você.

Autoconhecimento

CAPÍTULO 1

Mãos à obra! É hora de começarmos nossa jornada!

Começo com uma missão muito especial: apresentar a você o primeiro passo deste caminho que pode transformar completamente a sua maneira de viver. Vou fazer uma pergunta simples, mas que envolve uma escolha extremamente importante: quais resultados você quer ter nos próximos anos? Lembre-se de que para essa resposta é crucial a decisão que você tomar agora! Sim, a escolha é sua!

O que você escolhe ser: uma guerreira ou uma derrotada? O que você é agora?

É essencial entender que essa escolha é, na verdade, uma decisão que você precisa tomar. É algo que *você* tem o poder de escolher.

Ao longo da minha caminhada no crescimento de mulheres, especialmente acompanhando as mulheres do Projeto +QV, tenho visto muitas histórias de pessoas com a autoestima tão abalada que se esqueceram totalmente de quem realmente são. Contudo, é fundamental que você saiba quem você é em Deus e conheça o imenso potencial que ele pode despertar dentro de você. Sabe o que vai acontecer quando isso se concretizar? *Você vai se apaixonar por você*!

Preste muita atenção: **toda mulher tem uma guerreira dentro de si**. Esta é a primeira verdade que você precisa aceitar e entender, exatamente nessa ordem. Primeiro, você acredita, aceitando que isso é uma verdade. O próximo passo é entender como mergulhar de maneira profunda nessa verdade para encontrar a sua identidade espiritual.

Grave bem isto: **identidade espiritual**. Este será um ponto extremamente importante durante todo o livro.

Vamos entender um pouco melhor. Quando nos conectamos com o Criador, o processo de transformação passa a ser natural.

A mudança pode não ser imediata, pois as pessoas são diferentes, possuem curvas de aprendizado e vivências distintas. Existe um processo de cura interior, de autoconhecimento e autoconfiança. É um processo de transformação e cada um tem seu próprio caminho.

Ao pensar sobre mudanças, precisamos sempre avaliar os resultados, os frutos, precisamos nos perguntar: essa mudança é para melhor? Sim, porque não queremos mudanças para pior, não é mesmo? Claro que não! Não mesmo! Temos de nos perguntar sempre: quais os resultados que essa transformação vai gerar na minha vida?

Depois de regada e adubada, na estação apropriada, uma árvore dá seus frutos. É isso que essa mudança de *mindset* deve desencadear. Aliás, trata-se de um grande princípio espiritual em nossa vida. Uma árvore é conhecida pelos frutos!

Na última primavera, pude acompanhar de perto algumas amoras. Foi muito interessante ver a transformação que cada árvore começa a apresentar próximo dos dias em que os frutos vão nascer: as folhas ficam mais verdes, os galhos mais frondosos, e aos poucos frutos verdes e pequenos começam a surgir. Em apenas alguns dias, cresceram. Em uma semana, os pés estavam lotados de amoras! O que mais chamou a minha atenção é que, apesar de os pés estarem na mesma terra, recebendo a mesma quantidade de água e sol, cada árvore frutificou a seu tempo.

Assim também são as nossas transformações. Não devemos nos comparar, pois cada pessoa tem um tempo certo para frutificar! Ao longo da leitura deste livro, você perceberá a mudança na sua vida. Algumas aparecem logo no começo; outras mais à frente, ao longo do processo, quando novos conceitos e novos ingredientes começam a ser acrescentados.

Quando você se abre para essa transformação, descobre algo poderoso que pode mudar a sua forma de viver, pensar, sentir e agir. Essa nova filosofia de vida gera em nós novos pensamentos, sentimentos e reações. Desperta dentro de nós uma força que não sabíamos que existia. Começamos a entender que o Criador nos formou para sermos vencedores, não derrotados.

Isso não significa que, se você seguir uma lista de regras, terá uma vida de sucesso. O Criador nos deu livre-arbítrio para tomarmos decisões. Quando renascemos, ao aceitarmos a generosidade da graça salvadora de Cristo, recebemos um mundo de vitórias espirituais que ele já conquistou para nós, mas que cabe a nós escolher viver.

Volto à pergunta do início deste capítulo, e você entenderá aonde quero chegar: afinal, quem é você agora: uma guerreira ou uma derrotada? Reflita sobre o que acabei de explicar e questione-se: se eu posso escolher uma jornada de vitórias, por que me sinto derrotada?

Costumo dizer que quem se enxerga no espelho de Deus, ou pelos olhos dele, vence todas as dificuldades. Não podemos mais querer voltar para um passado que não tem futuro.

Existe uma guerreira dentro de você.

Agora que você já sabe que pode ser *mais que vencedora*, ou seja, que pode conquistar todas as vitórias se tiver um relacionamento íntimo e saudável com Deus e consigo própria, tenha em mente que isso é um processo. Você só vai conseguir se desenvolver se realmente conhecer a si mesma profundamente. Daí a importância de começarmos a nossa caminhada pelo autoconhecimento.

Ninguém ama o desconhecido

É somente por meio do autoconhecimento que alguém pode passar a se conhecer por completo e a se amar.

Um dos fundamentos mais importantes do processo de transformação é o amor próprio. Pense um pouco e me responda: que imagem você reflete? Será que a sua autoimagem está distorcida e isso tem afetado a forma de você se apresentar diante dos outros?

Quero ajudá-la a se conhecer melhor, a descobrir os seus pontos fracos e fortes. Vamos potencializar juntas as suas qualidades e trabalhar em tudo aquilo que pode ser aperfeiçoado.

"Conhece-te a ti mesmo"

Sugiro que você pare por alguns minutos, concentre-se e reflita, antes de continuar a ler. O quanto você se conhece de verdade?

Ao perguntarem ao filósofo Sócrates como ele resumiria todo seu conhecimento e sabedoria, ele respondeu: "Conhece-te a ti mesmo". Obviamente, o tipo de autoconhecimento a que Sócrates estava se referindo não era sobre as coisas triviais do nosso dia a dia, como o que gostamos de comer ou vestir, mas sobre as coisas mais profundas que deveríamos saber sobre nós.

Essa reflexão é simples, mas poderosa! Deixo aqui algumas perguntas que ajudarão você a compreender o seu nível de autoconhecimento.

➤ **Como me sinto sobre os meus pais e a minha infância?**

_____
_____
_____
_____

Autoconhecimento / 33

> ❯ **Por que estou sempre insatisfeita com a minha vida?**

_____
_____
_____

> ❯ **Por que sempre saboto os meus relacionamentos?**

_____
_____
_____

> ❯ **Como reajo/me comporto quando estou estressada ou sob pressão?**

_____
_____
_____

> ❯ **Como eu lido com as críticas? Sei receber críticas ou sei apenas criticar?**

_____
_____
_____

> ❯ **Que tipo de trabalho é mais adequado para mim?**

_____
_____
_____

> ❯ **O que realmente me motiva? O que gosto de fazer de verdade?**

_____
_____
_____

Se analisarmos as respostas a essas perguntas, também compreenderemos melhor como escolhemos os nossos relacionamentos. Essas respostas podem nos mostrar, por exemplo, porque muitas vezes insistimos em nos envolver em relacionamentos tóxicos, ou seja, que nos fazem mal.

Pude observar esse tipo de comportamento em muitas mulheres que me procuram em busca de consultoria. São mulheres magoadas, feridas, que enfrentaram situações muito difíceis. Contudo, elas sempre se envolvem no mesmo tipo de relacionamento, gerando um ciclo vicioso de sofrimento.

Nos momentos de dor, precisamos parar e refletir: qual é o denominador comum? Será que você tem, como muitos dizem, um "ímã para esse tipo de problema"? Será que você procura, mesmo que inconscientemente, viver esse tipo de situação que agride e deprime você?

Talvez, na sua primeira programação de vida, ou seja, nos primeiros anos da infância ou até mesmo na adolescência, você absorveu alguma informação de que não era merecedora de felicidade. Isso pode ter sido gerado por uma palavra mal usada, por uma reprovação de comportamento reiterada, por *bullying*, ou por qualquer outro motivo. Inconscientemente, você acaba se aproximando de pessoas que depreciam você ou que a tratam como se você fosse inferior. Entende como é importante sabermos aquilo que nos move?

Embarcar nesta jornada de autoconhecimento é essencial, mas aviso que não será um processo confortável. Pode ser um pouco incômodo passar por isso no princípio, mas é totalmente necessário para a sua saúde mental e a sua realização futura.

É preciso ter coragem para olhar para dentro de você mesma a fim de encarar as verdades incômodas, espremer as feridas e consertar os fios desencapados. Mesmo que no meio dessa jornada surjam medos, hesitações e conflitos, certamente será libertador e transformador para o seu presente e o seu futuro.

Comigo não foi diferente. Quero ajudar você porque eu já passei por isso! Tive de olhar mais fundo para dentro de mim mesma e descobrir realmente a mulher que eu sou e a mulher que Deus formou em mim. Para começar o nosso processo de autoconhecimento, vamos analisar alguns bloqueios que precisamos superar.

1. SUPERANDO OS BLOQUEIOS

Falaremos de cinco razões pelas quais é tão difícil nos conhecermos de verdade. Convido você a avaliar cada uma comigo como se fôssemos participar de uma corrida de obstáculos. Vamos superar um de cada vez e, no final, teremos saltado todos. Pronta? Vamos lá, primeiro obstáculo:

1º Muito do que fazemos é inconsciente.

Centenas de estudiosos concluíram que existe uma parte importante em nossa mente que é inconsciente. Freud, por exemplo, o pai da psicanálise, criou diversas teorias que falam sobre isso. Existe uma duplicidade nesse conceito. O primeiro inclui todos os processos mentais que acontecem sem que a gente se dê conta, ou seja, quando agimos de forma inconsciente.

Uma maneira simples de compreender o sentido psicanalítico do inconsciente é a metáfora do *iceberg*. Quando enxergamos a figura de um *iceberg*, o que vemos na superfície das águas é apenas um pedaço da verdadeira dimensão. A maior parte dele geralmente está submersa. É daí que vem a expressão "a ponta do *iceberg*". Esta é uma ótima representação da mente humana: o que estamos enxergando conscientemente é apenas essa "ponta", mas o inconsciente é todo aquele enorme pedaço desconhecido que está submerso.

Os pesquisadores também gostam de ressaltar que a parte inconsciente do nosso cérebro atua muitas vezes para nos proteger. Então, podemos dizer que somos programadas para esquecer de alguns fatos ou situações que nos feriram? Sim, com certeza!

Para a neurociência, o inconsciente é uma parte do cérebro inacessível em sua própria arquitetura que se desenvolveu para ajudar o homem a sobreviver. Então, muitas reações funcionam como um piloto automático. Para alterá-las, precisamos nos **reprogramar**. É essa reprogramação que faremos juntas a partir do autoconhecimento, dentro da filosofia + QV.

Somos pessoas "programadas" para ter determinados comportamentos e reações de acordo com as experiências que vivemos. Então, se não identificarmos isso e alterarmos essa programação, seguiremos caindo sempre nos mesmos erros. É justamente o que o apóstolo Paulo nos fala em Romanos 7.19,20: "Pois o que faço não é o bem que desejo, mas o mal que não quero fazer esse eu continuo fazendo. Ora, se faço o que não quero, já não sou eu quem o faz, mas o pecado que habita em mim".

Você pode pensar: "Isso é muito complicado! Vou ter que procurar um profissional para me ajudar", mas não é bem assim. Alguns casos são realmente mais sérios e, sem dúvida, um profissional da área, alguém com credibilidade e no qual você confie, poderá ajudar. No entanto, quero mostrar a você que podemos avançar muito nisso juntas e reprogramar vários hábitos e comportamentos conduzidos pela nossa mente.

Chegamos, então, ao segundo obstáculo que temos de vencer.

2º Somos movidas por nossos impulsos básicos.

Se eu perguntasse se você quer tomar uma decisão que vai causar desconforto ou até mesmo sofrimento a você ou se prefere tomar outra decisão que vai proporcionar um imenso prazer, qual seria a sua primeira resposta? Seja sincera! Ninguém responde: quero tomar a decisão difícil. A primeira reação é sempre pensar no caminho ou na saída que nos trará felicidade.

Se pudéssemos atingir o peso ideal sem abrir mão de alguns alimentos de que gostamos, por exemplo, a grande maioria de nós optaríamos por esse caminho. Sabemos que isso não é uma opção. Do ponto de vista psíquico, o ser humano é comandado por seus desejos de bem-estar e prazer. Olhar para dentro de nós mesmos e lidar com verdades incômodas é realmente bastante desconfortável. Assim, preferimos "deixar pra lá" e "varrer pra debaixo do tapete" situações difíceis de lidar e que nos darão trabalho para reorganizar. Nem sempre queremos lidar com essas verdades, então "empurramos com a barriga" algumas decisões importantes que podem mudar a nossa vida.

Aqui também conversaremos mais detalhadamente sobre a procrastinação, ou seja, deixar de fazer algo necessário, porque isso atrapalha demais a sua vida! Quanto mais fugimos dos nossos fantasmas, mais eles crescem e nos assombram! O desconhecido sempre traz medo e desconforto, mas precisa ser enfrentado.

Vamos lá! Quais são as suas necessidades básicas? E como você lida com elas? Temos uma boa referência para mapear essas necessidades na pirâmide de Maslow, também conhecida como Teoria das Necessidades Humanas. Ela foi desenvolvida pelo psicólogo norte-americano Abraham Maslow (1908-1970) e separa, de forma hierárquica, as diferentes necessidades que os seres humanos têm.

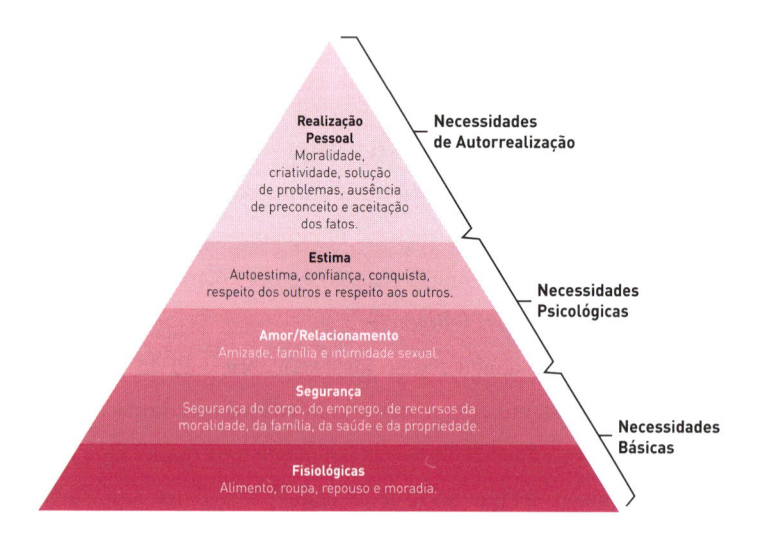

Realização Pessoal
Moralidade, criatividade, solução de problemas, ausência de preconceito e aceitação dos fatos.
— Necessidades de Autorrealização

Estima
Autoestima, confiança, conquista, respeito dos outros e respeito aos outros.

Amor/Relacionamento
Amizade, família e intimidade sexual.
— Necessidades Psicológicas

Segurança
Segurança do corpo, do emprego, de recursos da moralidade, da família, da saúde e da propriedade.

Fisiológicas
Alimento, roupa, repouso e moradia.
— Necessidades Básicas

Observe essa imagem por alguns minutos. A seguir, avalie quais são as suas necessidades básicas e em que ordem elas aparecem. Será que estão todas no topo, tentando ocupar o mesmo lugar? Ou, quem sabe, você esteja ignorando coisas importantes que deveriam estar no topo das prioridades e estão bem lá embaixo, na base de tudo...

Tenho certeza de que, após ter feito essa simples avaliação, você já concluiu que algumas coisas precisam ser aperfeiçoadas nesse processo. Lembre-se: as pessoas são diferentes, você é única e precisa se conhecer melhor. Quando não me conheço, fico à mercê do desconhecido.

Você precisa identificar os seus pontos fracos e fortes e aprender a se amar. Jesus nos ensinou a amar ao próximo como a nós mesmos (Marcos 12.31), ou seja, é impossível amarmos alguém se não nos amamos verdadeiramente. O amor é o ingrediente mais importante de todos sempre. Quando estamos conectadas ao Criador, seu Santo Espírito produz em nós algumas características, alguns frutos. Esses 9 frutos são muito importantes e demonstram, na prática, a nossa transformação.

Quando não me conheço, fico à mercê do desconhecido.

É interessante notar que a passagem de Gálatas 5 começa citando o amor e termina com domínio próprio:

> *Mas o fruto do Espírito é amor, alegria, paz, paciência, amabilidade, bondade, fidelidade, mansidão e domínio próprio. Contra essas coisas não há lei.* (Gálatas 5.22,23)

Quem não se ama não se conhece, não pode se dominar e nem deixar que Deus controle sua vida. Não posso amar aquilo que não conheço. Muitos perguntam: "Por que não me amo?", a que eu respondo: Porque você não se conhece de verdade, não conhece a sua identidade em Deus! Muitas pessoas querem se descobrir pela aprovação dos outros, mas você precisa se descobrir por intermédio dos seus olhos e dos olhos de Deus. Ao se amar, você passa a se respeitar.

Tudo isso é muito importante: os sentimentos devem ser respeitados; os desejos podemos vencer. Nós podemos, sim, dominar a nossa própria vontade! Agora, os nossos sentimentos devem ser respeitados e analisados, pois são *feedback* para a nossa vida.

Seguindo no nosso caminho, encontramos o terceiro obstáculo:

3º Não valorizamos o autoconhecimento.

Culturalmente falando, estamos muito mais interessadas no sucesso, no avanço, tornando-nos focadas em resultados, em atingir metas, não é verdade? A sociedade nos cobra isso. Hoje, a mulher tem que ser boa em tudo: boa mãe, esposa, profissional, conselheira, bonita, bem arrumada etc. Ufa!

Por isso, outra pergunta que me fazem com frequência é: "Como você consegue conciliar tantas coisas?". Calma, respire fundo, também teremos um capítulo inteiro dedicado a isso, no qual darei muitas dicas que aprendi ao longo dos anos conciliando carreira, casamento, ministério e a criação de quatro filhos (sim, tenho quatro filhos: David, 18; Carol,16; Noah, 5; Benjamin, 1; e adoro isso!). Não atropele etapas. Autoconhecimento exige introspecção, reflexão e sabedoria.

É a base do caminho que vai levar você ao verdadeiro sucesso. Você precisa descobrir a sua riqueza interior e deixar de ser influenciada por forças externas. Com isso, chegamos ao quarto obstáculo, a mais uma barreira para enfrentarmos juntas:

4º Acreditamos que os nossos pensamentos são autoconhecimento.

Lembre-se agora do que comentei com vocês sobre o *iceberg*. Seus pensamentos podem ser reflexo de muitas coisas misturadas, parte delas está no seu consciente (visível, ponta do *iceberg*) e outras no seu subconsciente (parte submersa). Isso sem contar todas as influências que recebemos do mundo exterior, com aquilo que vivemos, ouvimos, assistimos, lemos etc. Os pensamentos também podem ser reflexo de uma situação momentânea ou de algo que tenha servido de "gatilho" para a lembrança de uma situação passada. Assim, não somos apenas o que pensamos; somos a soma de tudo o que acontece na mente (alma), no corpo e no espírito.

Quantas vezes você pensa em algo que aparentemente não tem sentido algum? E fica se perguntando: "Por que estou pensando nisso?".

Acredite, existem pensamentos que não têm nada a ver com o nosso verdadeiro eu. Outros estão ligados a dores intensas, principalmente os pensamentos repetitivos. Enquanto você não desassociar o pensamento do sentimento de dor, ele aparecerá todas as vezes que aquela emoção aparecer.

Reflita sobre os pensamentos súbitos em vez de desprezá-los.

Tenho uma boa técnica para os momentos em que isso acontece. Quando penso em algo estranho e que, não necessariamente, tem uma explicação, eu me pergunto por que tive aquele pensamento, mas sem acusações e desespero, apenas reflito: "Por que será que estou pensando nisso? Faz sentido ou é apenas o meu inconsciente? Vai acrescentar algo bom e edificante à minha vida?".

Observe que não estou dizendo para você desprezar os seus pensamentos, muito pelo contrário. Tanto os pensamentos quanto os sentimentos oferecem pistas sobre a nossa natureza essencial. No entanto, não é só isso que faz que você se conheça. Neste livro também trataremos da gestão de sentimentos, um tema que tem muito a ver com a gestão dos nossos pensamentos.

Estamos quase lá, falta apenas um obstáculo. É um obstáculo grande, mas lembre-se: com Jesus e comprometimento, saltamos os obstáculos!

5º Somos enganadas pelos nossos sentimentos.

Sinceramente, não conheço ninguém que nunca tenha sido enganado pelos sentimentos. Se você me disser que isso nunca aconteceu com você, confesso que vai ser difícil acreditar. Somos criaturas emocionais, temos a tendência de "seguir o coração", não é verdade?

Infelizmente, na maioria das vezes, isso não acaba bem. Acredito que, se você parar para pensar, vai se lembrar de pelo menos uma situação na qual agiu segundo o seu coração e as suas emoções, e se deu mal.

Existe um princípio espiritual do qual não podemos nos esquecer: o nosso coração é extremamente enganoso e desesperadamente corrupto: "O coração é mais enganoso que qualquer outra coisa e sua doença é incurável. Quem é capaz de compreendê-lo?" (Jeremias 17.9).

Ou seja, se você basear as suas decisões em sentimentos, as chances de tomar uma direção que vai comprometer o seu futuro é muito grande. Quantas vezes tomamos decisões movidas por sentimentos passageiros e nos arrependemos depois? As consequências ficam e precisamos aprender com elas. Eu também vivi algumas situações e experiências ruins nesse sentido. Com o tempo, aprendi algo precioso que quero que você experimente: ouvir a voz do Santo Espírito. É algo maravilhoso, que dá paz e leva você de volta à direção correta. O autoconhecimento nos ensina que devemos desconfiar dos nossos sentimentos.

Proponho que você faça outro teste simples: tente pensar na solução de um problema quando você está cansada, irritada, com sono, com fome ou dor de cabeça. Depois, quando estiver descansada e disposta, pense novamente no problema. Em qual momento você tomará a melhor decisão? Obviamente no segundo caso.

Eu, por exemplo, confesso que fico muito irritada quando estou cansada e com sono. Já me conheço o suficiente e sei que, quando isso acontece, tenho que parar e descansar. Outro exemplo é o de uma amiga que fica insuportável quando está com fome. Ela fica muito mal-humorada. O mal-humor é tanto que, quando ela começa a reclamar, costumo brincar e dizer: "Você já comeu hoje?".

Esses exemplos mostram, na prática, que você precisa se conhecer melhor e não deixar que questões circunstanciais ou emocionais alterem o seu desempenho.

2. SEQUESTRO EMOCIONAL

Agora quero que você entenda o processo cerebral e espiritual que acontece conosco quando não estamos no controle do que fazemos. É o que eu chamo de "sequestro emocional".

O sequestro emocional acontece quando, por meio de uma ativação interna ou externa, perdemos o controle central das nossas emoções e das nossas atitudes. Passamos, então, a ser conduzidas por um sentimento sequestrador, que torna o eu cativo, abrindo espaço para que dores de experiências passadas e interferências espirituais negativas nos oprimam com dor e sofrimento.

De uma hora para outra, você reage com medo, tristeza ou agressividade, sem nenhuma razão específica aparente. Não estou falando de causas relacionadas a alterações de saúde, como questões hormonais, que podem desencadear essas reações. Como já tive quatro filhos, sei que isso acontece em momentos como a gestação, por exemplo. As alteraçoes hormonais nos fazem rir e chorar do nada, sem motivo aparente. Vamos descartar essas causas, pois nesses casos é necessário acompanhamento médico — precisamos cuidar do corpo, da alma e do espírito.

Certa vez, voltava para casa de carro, sozinha, de um curso à noite. Eu estava superfeliz, tudo tinha dado certo naquele dia. Aquele foi um dia especial e muito produtivo, em que eu consegui realizar todas as tarefas que tinha programado. Eu não estava grávida, quer dizer, os meus hormônios estavam todos em ordem.

De repente, começou a tocar uma música na rádio que me fez lembrar do meu irmão — como muitos sabem, perdi um irmão querido há quatro anos. O Felippe, com dois "p", era meu irmão mais velho, que eu apelidei de Tid. Enquanto eu aprendia a falar na infância, na tentativa de repetir o nome dele, "Felippe", eu reproduzia o som desta forma: "ti-ii-de". Com o passar do tempo, abreviamos o apelido para Tid, que se tornou o nome que ele adotou. A maioria das pessoas o conhecia como Tid, não como Felippe.

É possível ser sequestrado emocionalmente pela euforia também!

Não tenho como descrever meu irmão sem me emocionar! A grandeza da admiração e do companheirismo que havia na nossa relação era visceral. Tínhamos apenas um ano e meio de diferença de idade e sempre fomos muito amigos! Éramos inseparáveis e a nossa amizade era muito protetora. Os meus pais sempre trabalharam intensamente em suas missões. A nossa casa era bem movimentada! Por exemplo: os meus pais acolheram, durante a nossa infância, doze ex-dependentes químicos na nossa pequena casa na rua Ônix, 46, na Aclimação. Aquela pequena casa abrigava, além dos doze e da nossa família, um dog alemão. Crescemos assim: nesse ambiente de amor genuíno ao próximo e de muita unidade.

Sempre fomos cúmplices e inseparáveis! Eu tive o melhor irmão do mundo, e ele fez parte da minha caminhada por trinta anos. Era o meu conselheiro nos momentos mais difíceis, o meu parceiro nas artes de criança, o meu professor na vida. Foram muitas as lições que eu aprendi com o meu irmão mais velho! Até hoje a saudade que sinto dele diariamente é muito grande. Essa dor, no entanto, está administrada na minha vida, pois hoje não me causa mais nenhum mal. Contudo, sempre será uma área sensível. Tenho muitas saudades dele e terei sempre!

Pois bem, naquele dia, no meu carro, quando começou a tocar aquela música, que era uma das que ele mais gostava de ouvir, comecei a chorar. Foi um choro incontrolável! Começou já nas três primeiras notas, no início da música. Fiquei destruída emocionalmente, não conseguia parar de chorar, por mais que quisesse. Nesse dia, entendi o que é sequestro emocional.

O sequestro emocional acontece quando você entra em um ciclo de sentimentos que tira o seu foco do presente, do seu momento, e provoca as mais diferentes reações. Você perde totalmente o controle! Mas você precisa conseguir se controlar, pois esse tipo de reação faz muito mal.

É possível sermos sequestradas emocionalmente tanto por sentimentos que consideramos bons quanto pelos que consideramos maus. Pense sobre as situações de extrema euforia, por exemplo. É preciso aprender a administrar um sentimento que vem assim de repente. Quando você está no controle, significa que o seu autoconhecimento cresceu.

Chegou o momento de pôr isso em prática! Assim, você vai começar a perceber como esses sentimentos podem atrapalhar. Identifique os principais sentimentos que você precisa dominar e os gatilhos que os despertam. Pense nas situações difíceis pelas quais você passou por causa desses sentimentos, como, por exemplo, a falta de domínio próprio que dificultou que você tomasse decisões melhores.

Costumo dizer que, se o atalho fosse bom, já seria o caminho. É a mais pura verdade. Chega de deixar abertas "entradas subterrâneas" para que os seus pensamentos e sentimentos mantenham você cativa.

Para superar esse quinto obstáculo, proponho mais um exercício: faça um cadastro de pensamentos e sentimentos ao longo de uma semana. Escreva assim:

> — Estou sentindo ...
> — Estou pensando ...

Ao final de uma semana, avalie cada um deles, questionando-se: "Estou presa a esses sentimentos?". Se a sua resposta for "Sim", complete-a com "Então, eu vou me libertar".

Agora sim, com os obstáculos superados, você está pronta para seguir em frente!

Olhemos, então, ao nosso redor e conheçamos alguns exemplos de como podemos nos aprofundar ainda mais no autoconhecimento.

3. O MUNDO COMUM

Tenho aconselhado milhares de mulheres na minha jornada ao longo de mais de vinte e cinco anos de experiência. Entre as reclamações e dúvidas que recebo, a que mais ouço é sobre a dificuldade que muitas têm em se sentirem felizes, realizadas e gratas. Muitas mulheres não conseguem ser gratas com o que têm hoje. Não conseguem viver no mundo comum, escolhem viver em um conto de fadas.

Quando expliquei que somos *mais que vencedoras*, disse que, em Deus, podemos superar todas as dificuldades e vencer, não que seríamos totalmente felizes o tempo todo em todas as áreas da nossa vida! Sempre temos desafios e coisas para conquistar. Nem Jesus nos prometeu isso; pelo contrário, ele nos advertiu em João 16.33: "Eu disse essas coisas para que em mim vocês tenham paz. Neste mundo vocês terão aflições; contudo, tenham ânimo! Eu venci o mundo".

Viver no mundo comum, porém, não significa de maneira alguma que você abandonará os seus sonhos! Quer dizer apenas que precisamos aprender a apreciar a beleza da vida, que muitas vezes está no simples, nas pequenas conquistas diárias, nos momentos de convívio em família ou quando desfrutamos de momentos de paz.

Conheço uma moça, por exemplo, que aos olhos de todos é muito bem-sucedida. É uma mulher bonita, de 35 anos, solteira, com a vida profissional bem encaminhada, com duas faculdades e uma pós-graduação. Apesar da pandemia, seu emprego foi conservado e ainda recebeu um bônus por desempenho. Não é rica, mas tem o suficiente para uma vida confortável. Apesar disso, ela se sente perdida, frustrada e desanimada o tempo todo. Infelizmente, às vezes, ficamos perdidas, sem identidade, sem sonhos, sem metas, sem propósitos. É claro que, muitas vezes, as reclamações são completamente legítimas, afinal os relatos vão desde anos de abusos até perdas e sonhos nunca realizados.

Contudo, quanto à mulher bem-sucedida, o que está faltando na vida dela? A primeira coisa que falta a essa mulher é desenvolver um verdadeiro relacionamento com o Criador. A segunda é a identidade espiritual.

Existem milhões de mulheres que têm anos de sonhos sufocados, não realizados. Essas frustrações precisam ser analisadas e expressas em palavras. Contudo, é importante termos o coração grato por tudo aquilo que já recebemos de Deus. Quando temos atitude de gratidão, conseguimos enxergar as coisas boas que estão à nossa volta e sentir que podemos realizar os nossos sonhos e alcançar todos os nossos objetivos.

O falso *self*

Donald Winnicott, famoso psicanalista inglês, formulou a teoria do falso e do verdadeiro *self*. Ele defende o conceito de que muitos de nós, logo nos primeiros anos de vida, somos obrigados a desenvolver um falso *self* (eu) para nos proteger de negligências, abandonos e abusos. É como se fosse uma identidade falsa e protetora — às vezes, até ameaçadora.

As redes sociais, por exemplo, têm sido um campo amplo para isso. Muitas pessoas criam perfis ou identidades falsos com o intuito de enganar e roubar. Existem, porém, aqueles que simplesmente criam nas redes sociais a identidade dos sonhos: são lindas, felizes, incríveis e realizadas. No fundo, é apenas um estereótipo de felicidade.

O falso *self* se cria também quando existe excesso de cuidado e atenção, como uma intromissão do "ambiente" na nossa vontade, nos nossos desejos e em quem de fato somos. É um simulador da nossa verdadeira identidade, uma camada falsa que nos impede de encarar medos e verdades.

Vou dar um exemplo. Conheci uma moça superdivertida. Tudo na vida dela virava piada, transformava tudo em brincadeira. O grupo ria muito com ela, mas sabíamos que, no fundo, aquela alegria exagerada escondia várias tristezas. Aquilo não passava de um disfarce emocional, um falso *self* que, de alguma forma, a protegia de enfrentar a realidade.

Essa teoria também nos diz que, às vezes, a verdade de cada um de nós está escondida debaixo de várias camadas. Tem uma cena do filme Shrek que demonstra exatamente isso de forma divertida:

— Os ogros são como cebolas — disse Shrek.
— É... fedem e fazem a gente chorar — replica o Burro.
— Não, Burro!! Camadas!! Cebolas têm camadas... ogros têm camadas!

Quantas vezes nos escondemos embaixo de camadas para nos proteger? Criamos fortalezas, mas acabamos presas dentro delas.

Para identificar o seu falso *self*, você precisa saber quem realmente é. Voltamos, então, mais uma vez, ao autoconhecimento. Será bem difícil conseguir se desenvolver plenamente se você continuar se escondendo atrás de um falso *self*, que é algo inconsciente, ou até mesmo de traumas e complexos. Eu chamo tudo isso de "entulhos" que acabam influenciando fortemente as suas ações e reações.

4. A JORNADA DE EVA

Já falamos de superar obstáculos, do consciente e do inconsciente, dos nossos sentimentos e pensamentos. Para continuar nesta jornada do autoconhecimento, falemos sobre Eva, a primeira mulher criada por Deus para ser a mãe de todos os povos. Ela foi constituída para conhecer a Deus, designada guerreira (*ézer*) e parte fundamental da aliança abençoada com o homem.

Acho muito interessante notar que, quando Deus olhou toda a criação, ele sentiu falta de algo. Imagine você que o Criador de todo o universo sentiu falta de algo. Do que Deus poderia sentir falta? De Eva. A minha mãe sempre diz que Deus sentiu falta da mulher e, por isso, a criou. E nós, o que fazemos? Nós condenamos Eva. Até mesmo nós, que somos mulheres como ela. Impomos sobre Eva a culpa de todos os males da humanidade. No entanto, se refletirmos, Adão errou também, não é mesmo? Ele não foi decisivo, não deu direcionamento, desobedeceu a Deus sem questionar. Condenamos Eva ao ostracismo, acusamos a primeira mulher de ser a responsável por todas as desgraças, mas poucas vezes paramos para analisar as atitudes dela. Sejamos sinceras: todos os dias temos a mesma chance que foi dada a Eva, a de fazer a escolha certa. Quantas vezes escolhemos o caminho errado?

Todos os dias temos a chance de fazer melhor que Eva, mas será que fazemos? Será que realmente fazemos escolhas melhores que as de Eva todos os dias? Vou além: será que Eva se conhecia? Eva poderia ser qualquer uma de nós: uma mulher que teve oportunidades, mas escolheu mal, foi fraca, imatura, renunciou à herança no Éden porque ouviu quem não devia e tomou decisões precipitadas. Pois é, você e eu não somos tão diferentes de Eva. Quando nos pomos no lugar dela, paramos de fazer acusações e buscamos aprender com os nossos erros.

> "Nós não somos um engano, não somos o veículo da tentação e do pecado! Somos filhas de Deus criadas por ele com amor, para conhecê-lo, para completar uma aliança com o homem e viver como guerreiras."

Você sabia que existe uma herança da criação perdida em cada uma de nós? Nesta jornada de autoconhecimento, convido você para vir comigo e resgatá-la.

5. AUTOCONHECIMENTO NA PRÁTICA

Adão e Eva estavam felizes no paraíso. Foram criados à imagem e semelhança de Deus para viver em comunhão com ele, felizes para sempre. Já sabemos, claro, que o resultado não foi o esperado. Eles se perderam, e as escolhas que fizeram os levaram à perda do jardim do Éden.

Eles passaram de mocinhos a vilões num piscar de olhos. Parece familiar? Pois é, isso acontece todos os dias. Basta um minuto para que aqueles que estavam no paraíso, com a chegada de uma má notícia, um diagnóstico, uma traição, uma perda, ou como consequência dos nossos próprios erros, sejam jogados em terra seca e desolada.

Eva fez uma má escolha e perdeu tudo; bem, quase tudo. Em Gênesis 3.13, Deus pergunta à mulher: "Que foi que você fez? Respondeu a mulher: A serpente me enganou, e eu comi". Nessa resposta, temos a primeira lição importante a ser aprendida. Algo que precisamos levar conosco e que nos ajudará no caminho do autoconhecimento.

Primeira lição do autoconhecimento:
Abandone o papel de vítima.

Adoramos culpar os outros ou as circunstâncias pelos nossos problemas. "Não consigo me desenvolver porque não tive oportunidade." "Não sou bem-sucedida profissionalmente porque sempre fui perseguida no meu trabalho." "Não consigo emagrecer porque fui criada comendo muito." Desculpas... Já ouvi muitas delas.

Será que, em vez de culpar os outros pelos seus problemas, não é melhor pensar se alguns deles são fruto das suas próprias escolhas? Pare de culpar todo mundo e procure descobrir nos seus pensamentos o que está fazendo você se sentir infeliz. Será libertador e vai ajudá-la a ser protagonista da sua história. Você, e apenas você, possui o poder de escolher como enxergar e viver a sua vida.

Ao ser questionada por Deus sobre o que tinha acontecido, Eva pôs a culpa na serpente. Mas quem comeu o fruto? Eva. Ela decidiu comer, não foi obrigada. Devemos assumir a responsabilidade pelas nossas decisões. Minha mãe tem uma frase que eu adoro: "Quem busca culpado não encontra solução", e é a mais pura verdade.

Muitas vezes, entramos em um tipo de círculo vicioso maligno: ficamos paralisadas, sentindo pena de nós mesmas. A nossa vida não avança, e as coisas não acontecem. Sofremos e nos desesperamos, mas não saímos da situação. Você, então, busca desculpas e culpados para isso e continua do mesmo jeito, sem sair do lugar.

Infelizmente, algumas pessoas insistem em fazer papel de vítima. É um comportamento muito comum: as coitadas, as perseguidas pela crise ou pela pandemia do Coronavírus, as que sofrem com a situação econômica do país, as que choram por causa dos invejosos que as odeiam etc. Muitas entram em depressão e até atraem para si consequências, como a síndrome do pânico.

Faço aqui uma ressalva: não estou dizendo que não existem vítimas! É claro que existe abuso, violência, ataques às mulheres e muitas coisas que precisam ser condenadas e denunciadas. Nenhuma mulher pode viver dessa forma. Este não é o plano de Deus para nenhuma de nós; não é plano dele para você! O que quero tentar mostrar a você, no entanto, é que, seja qual for o seu problema ou a sua situação, viver presa no papel de vítima não vai ajudar. Um futuro diferente existe e está esperando por você, mas é necessário mudar de atitude.

Falo por experiência própria! Durante algum tempo, vivi com pena de mim mesma. Eu simplesmente não entendia por que Deus tinha me deixado passar por tanto sofrimento. A minha família e eu vivemos lutas muito intensas em várias áreas. Com certeza, uma das mais difíceis foi lidar com os problemas de saúde do meu irmão. Desde os 13 anos, ele sofria de problemas nos rins. Eu era muito nova quando aprendi a ajudar a cuidar dele, a assumir responsabilidades. Eram coisas sérias, que não faziam parte da vida de outras meninas de 11 anos (algumas dessas experiências pessoais e profissionais estão narradas com mais detalhes em outras partes deste livro).

Aprendi muito com as experiências que tive e com os meus pais, que sempre tiveram muita sabedoria para me mostrar o caminho correto, mesmo com tantas barreiras. Aprendi a ser esposa, mãe, filha, irmã, profissional, bispa. Nada foi simples, mas tudo é possível. Se tivesse ficado paralisada, sofrendo com a "síndrome de vítima", eu não seria quem sou hoje, estaria isolada e deprimida, sentindo pena de mim mesma.

Você acha que, se Davi não tivesse enfrentado o gigante, ele teria sido rei? Enfrentar aquele gigante despertou em Davi o rei que ele seria no futuro, o guerreiro que ele não conhecia e que ele não sabia que existia até então. Algumas experiências são intensas; outras, mesmo simples, marcam profundamente a nossa vida. O importante é aprendermos com essas experiências para seguir adiante.

> **Enfrentar o gigante Golias despertou em Davi o rei que ele seria no futuro.**

Lembro de uma experiência em especial, no início da minha vida de casada. Eu me casei muito nova. Graças a Deus, completamos vinte anos de casados e vinte e quatro de convivência! Conheci o meu marido aos 16 anos, quando eu ainda era uma adolescente, e não estou incentivando ninguém a iniciar um relacionamento sério com essa idade, até porque o meu relacionamento com o Douglas se iniciou como uma linda amizade; primeiro, nos tornamos melhores amigos e, por um ano, oramos um pelo outro diariamente.

Conheci o Douglas em um momento muito decisivo da minha vida. Aliás, acredito que temos duas escolhas muito importantes a serem tomadas no início da vida adulta: uma é a nossa profissão, e a outra com quem decidimos nos casar. Entre outras decisões que a vida adulta nos exige, é claro. Acredito que essas duas são as primeiras que se apresentam e para as quais precisamos sempre nos preparar e preparar os filhos para tomar essas decisões.

Fomos apresentados em um estúdio de televisão (onde mais poderia ser, não é? Desde os 13 anos trabalho com comunicação e televisão. Passei a maior parte da minha vida dentro de um estúdio).

Quando o conheci, estava numa fase estranha, muito decepcionada e desinteressada de tudo. Então, durante uma gravação do "De bem com a vida", programa que a minha mãe apresenta desde aquela época, eu o conheci.

Na época, eu era uma das produtoras assistentes do programa. Confesso que o desânimo era tamanho que eu andava bem desarrumada: *legging* e blusa de moletom extragrande do meu irmão mais velho, tênis sujos da aula de tênis na quadra de saibro (com aquele marrom encardido característico), e por aí vai.... Hoje dou risada só de lembrar que o cabelo estava amarrado em um coque, e eu usava óculos. Esse era o meu *look* típico daqueles dias. Aquele que parecia ser um dia comum, acabou tornando-se muito especial. Todo dia um milagre pode acontecer, precisamos acreditar nos nossos sonhos!

Nessa fase, eu estava muito perto de Deus, e reservava o meu tempo para ficar perto de quem sempre me fez bem: Jesus. Desde a infância, Jesus sempre foi e sempre será o meu melhor amigo. Naquele dia, Deus estava respondendo às minhas orações mais sinceras. Eu estava buscando muitas respostas, estava cheia de conflitos internos, apesar de sempre manter a superfície estável.

Eu buscava uma experiência com o Criador. Eu precisava ter certeza de que ele era o meu Deus pessoal. Sem imaginar, naquela tarde, eu estava sendo apresentada ao amor da minha vida! Assim, desavisada, entrei no estúdio para cumprir as minhas responsabilidades como de costume: as luzes do estúdio acenderam, a câmera estava ok, todos posicionados e, então, entrou o primeiro entrevistado, o Douglas.

Eu o acomodei na poltrona de entrevistado, coloquei os fones de intercomunicação nos ouvidos dele e me sentei na minha posição no estúdio, que ficava de frente para os entrevistados. Acompanhei a entrevista tecnicamente, mas fui observando a beleza daquele que seria o meu futuro marido. Na época, ele ainda trabalhava como modelo e acabara de receber uma grande premiação.

Trocamos alguns olhares. No final da entrevista, acompanhei-o até a porta da emissora, como era minha tarefa. Ali, trocamos telefones.

Era ano de Copa do Mundo, e logo nos encontramos para acompanhar os jogos juntos. Foi assim que a nossa amizade nasceu. Depois de três anos desse primeiro encontro, nós nos casamos. Foi um ano de amizade, um ano de namoro e um ano de noivado. Então, aos 19 anos, eu era recém-casada. Eu não tinha a mínima ideia do que era dividir a vida com alguém, muito menos das responsabilidades e dos desafios que temos de enfrentar na convivência diária.

Pouco tempo depois de casada, tive um desentendimento com o meu marido. Eu estudava pela manhã e trabalhava à tarde. Alguns dias, ficávamos trabalhando até mais tarde. Em um desses dias, cheguei em casa às 23 horas. Estava bem cansada. Quando cheguei, o meu marido queria jantar. Eu fui para a cozinha, estourei uma pipoca de micro-ondas e, no saquinho mesmo que a pipoca vem embalada, acrescentei um pouco de sal e levei para ele, dizendo: "Seu jantar".

Ele, é claro, ficou insatisfeito. Eu ainda afirmei que, se ele comesse a pipoca e esperasse um pouco, a fome passaria. O Douglas é um homem de um metro e noventa, atleta, e tem o costume de se alimentar com muita qualidade de nutrientes. Ele cultiva uma alimentação saudável e eu, na época, achava tudo aquilo desnecessário.

Então, nós nos desentendemos, e eu, no "auge da minha sabedoria", simplesmente decidi voltar para a casa dos meus pais. Você que é casada já fez isso, não fez? Se não fez, já pensou em fazer! Naquele momento, pensei comigo: "Os meus pais vão me receber de braços abertos. Claro que vão ficar do meu lado, passar a mão na minha cabeça, entender o meu problema".

Contrariada, saí de casa com a roupa do corpo: chinelo, regata e saia. A minha bolsa, naquela época, era grande o suficiente para comportar apenas a minha carteira, as chaves e um batom. Imaginou a cena? Mesmo sendo tarde da noite, peguei apenas uma pequena bolsa de mão e fui até a casa dos meus pais a pé, pois morávamos no mesmo quarteirão, decidida a ficar por lá.

Lá fui eu, a vítima, chorando, com pena de mim mesma, a caminho do "meu ninho", onde seria protegida e aprovada. Eu tinha as chaves daquela casa ainda, mas, ao chegar lá, não consegui abrir a porta, pois estava trancada por dentro. Então bati na porta até acordá-los. Só que, para a minha surpresa, o meu pai não me deixou entrar, nem ao menos abriu a porta: "O que você quer?", ele disse do outro lado e eu, chorando, expliquei. Ele, então, me respondeu: "Você disse bem quando falou que voltaria para a sua casa, mas a sua casa não é mais aqui. Jogue as chaves da minha casa pela janela, volte para a sua e se resolva com o seu marido". Quase morri do coração! A minha mãe chorava também do outro lado, pedindo ao meu pai para abrir a porta. E eu pensava: "Como assim? Eu sou a vítima nesta situação!". Sentei-me no chão frio e comecei a chorar. Eu fazia papel de vítima sem nem ao menos perceber.

Com aquela porta fechada, aprendi rapidamente que não teria para onde voltar. Eu tinha que dar certo no meu casamento; eu tinha que vencer. Enxuguei as lágrimas e voltei para *a minha casa*. Conversamos e nos entendemos. Amadureci em apenas dez minutos!

Agora que você sabe um pouco do que eu passei nesse início de casamento, eu quero que você entenda o porquê estou dividindo com você essa história. Eu quero que você pense um pouco sobre isso, se existe alguma situação na sua vida que deveria ter levado você para um outro nível e até hoje você se vê presa nessa situação, até hoje você se enxerga como uma vítima. Aquela situação, naquele momento, poderia ter mudado completamente a sua vida em apenas dez minutos. No meu caso, o meu pai fechou a porta e me mostrou que aquilo não era o melhor para mim.

Eu não sei se no seu caso o seu pai abriria a porta, iria na sua casa, até xingaria o seu marido, ou se você nunca pôde voltar para essa etapa, eu realmente não sei. Mas, com certeza, deve existir uma situação na sua vida em que os 10 minutos deveriam ser para o teu bem e você está parada nele. Eu quero que você pare agora e reflita: existe algo que você precisa ter clareza para resolver? Às vezes, uma situação que durou alguns minutos está gerando em você um bloqueio emocional que está prendendo você por anos. Se você não resolver isso agora, você não pode ir para o próximo nível.

O meu pai, o apóstolo Estevam Hernandes, é um homem de grande sabedoria, que me ama profundamente. E justamente por isso agiu daquela forma. Sou muito grata até hoje por aquela noite. Ele tomou a decisão correta, ensinou-me a ser comprometida com o meu futuro e com a minha família. Com ele, aprendi que temos de enfrentar os problemas de frente e que os desafios são oportunidades de crescimento.

Durante esse crescimento, eu sempre buscava o meu pai para pedir orientação e conversar. Todas as vezes que eu perguntava algo sobre o meu casamento, ele me exortava e apontava os meus erros. Eu me questionava: "Por que ele sempre aponta apenas as minhas falhas e não as do meu marido?". Eu voltava quieta, pensando em tudo que ele me aconselhava com tanta sabedoria, mas essa postura me intrigava. "Por que nunca o errado é o Douglas?" Um dia decidi perguntar a ele porque sempre quem precisava melhorar era eu. Ele me respondeu: "Quem está vindo aqui pedir ajuda: você ou ele?", ao que eu respondi: "Eu", ele complementou: "Então é você que precisa de ajuda. Quando você vem conversar comigo, falamos sobre você. Quando ele vier, falaremos sobre as atitudes dele".

Eu tinha uma postura de vítima e queria que os meus pais passassem a mão na minha cabeça, me protegessem e aprovassem todas as minhas atitudes. Que bom que eles não fizeram isso! Eu não entendia no começo, mas logo percebi que eles estavam fazendo o que era melhor para mim. Com isso, amadureci e parei de me vitimizar todas as vezes que tinha de enfrentar algum obstáculo.

O ser humano tem a tendência de olhar as situações apenas pelo próprio lado, sem ter uma visão sistêmica e abrangente. Ninguém gosta de reconhecer que está errado e que precisa mudar. Hoje, percebo claramente isso quando dou consultoria a algumas pessoas. Algumas conversam comigo não porque querem abraçar o processo e se comprometer com a transformação, mas porque buscam alguém que valide a atitude delas, que passe a mão na cabeça. Não faço isso, porque não é assim que ajudamos o próximo.

Saiba que, quanto maiores forem as suas conquistas, maiores serão as suas responsabilidades. Em determinado momento da minha vida, decidi não ser mais coadjuvante e, sim, protagonista da minha própria história. Parei de fazer papel de vítima e passei a buscar em Deus e no meu interior a solução de todos os meus problemas.

Independentemente de como está a situação ao seu redor, você precisa reagir! Muitas coisas dependem apenas de você para deslanchar. Ficar chorando num canto e culpando os outros por seus problemas não vai levá-la a lugar nenhum.

É impressionante como a Palavra de Deus é maravilhosa quando trata disso. Ela nos ensina que o homem está sofrendo por falta de conhecimento. É o que está escrito em Oseias 4.6: "Meu povo foi destruído por falta de conhecimento".

Quando não buscamos conhecimento, todas as áreas da nossa vida ficam afetadas. Vou dar um exemplo simples, mas que explica bem isso. Outro dia, eu fui lavar as mãos, mas não sabia como abrir a torneira. Fiquei um tempão tentando abrir a torneira da forma mais tradicional, sem conseguir. De repente, surgiu um menino de 10 anos e apertou um pedal no chão, e a água saiu. Simples, não? Eu me senti uma tonta! Quanto tempo perdi ali por falta de conhecimento? Muitas vezes, a falta de conhecimento nos constrange perante os outros — e ninguém gosta de se sentir assim!

Para podermos aprender, porém, precisamos admitir que não sabemos fazer. "Eu não sei!" é algo que as pessoas dizem com dificuldade, porque ninguém gosta de admitir o que considera ser fraqueza. O fato de eu não saber, não conseguir e não ter feito direito não significa que não esteja desenvolvendo a minha melhor versão para a minha vida. Ninguém nasce sabendo; precisamos praticar e nos aperfeiçoar para crescer. Eu serei uma pessoa melhor e uma profissional melhor se continuar praticando.

Você não é uma fracassada!

Com apenas 13 anos de idade, comecei a apresentar um quadro dentro de um programa de televisão veiculado na extinta TV Manchete.

Quando comecei a apresentar programas de TV, tudo era muito difícil para mim. Nós não tínhamos *teleprompter*[1] nas gravações. Eu tinha de escrever todos os meus roteiros e memorizá-los para não gaguejar. Como a hora do aluguel do estúdio era muito cara na época, costumávamos gravar muitos programas em um único dia. Não podíamos perder o conteúdo!

As minhas primeiras gravações foram pequenas, para um quadro de apenas cinco minutos, chamado Virada Radical, mas era

---

[1] Dispositivo eletrônico, situado perto de uma câmera de cinema ou televisão, mas fora do alcance da câmera, que vai rodando (conforme o caso) o roteiro ou os dizeres de um programa, a notícia etc. (*Imprensa*, São Paulo, 1987). Disponível em: https://www.teclasap.com.br/teleprompter/. Acesso em: 22 março 2021. [N. do E.]

muito desafiador. O operador de câmera costumava rir de mim. Eu não tinha experiência alguma, mas costumava levar as gravações para casa para assistir, estudar e observar os meus erros. Eu assistia e começava a praticar novamente, buscando fazer melhor. Ensaiava em frente do espelho e me determinava a evoluir diariamente: "Eu ainda não sou boa, mas vou ficar!", pensava. Hoje, eu posso dizer que alcancei o meu objetivo. As câmeras não me intimidam mais! Por quê? Eu aceitei o desafio de ser melhor! Pense um pouco sobre isso: Será que você está aceitando todos os desafios para poder se desenvolver?

Quem faz papel de vítima nunca é responsável por nada, apenas sofre e sente pena de si mesmo. Se você errou, não tem problema, os erros são nossos mestres. Adote estratégias para não errar mais. Isso vale para as coisas complicadas, mas também para as mais simples do nosso dia a dia.

Uma coisa muito simples que roubava muito do meu tempo eram as minhas chaves, porque eu nunca sabia onde estavam. Atualmente não as perco mais: coloco sempre no mesmo local da bolsa, que é fechado com zíper. Aconteça o que acontecer, elas estarão lá quando eu precisar. Ao chegar em casa, tenho um porta-chaves logo na entrada; as chaves ficam lá e são encontradas imediatamente quando tenho que sair. Busque estratégias. Às vezes, as soluções são mais simples e fáceis do que você imagina.

Em vez de procurar culpados, procure soluções. Em vez de reclamar, dê sugestões. Em vez de criticar, tente ajudar a fazer o trabalho da melhor forma possível. Enquanto estamos apontando o dedo para alguém, existem três dedos apontados para nós. Lembre-se de que muitos são os que gostam de criticar, mas não se dispõem a ajudar; então, não seja mais um. Faça parte sempre da solução, não do problema.

Em vez de se justificar pelos seus erros, aprenda com eles. Em vez de julgar os outros, faça uma autoavaliação. Quando assumimos a posição de autorresponsabilidade pelas nossas atitudes, não existem culpados, não existem vítimas, não existe passividade. É dessa forma que eu saio do olho do furacão para entrar no ciclo de vitórias que Deus tem para mim!

Eu chamo esse processo de "efeito pipoca". Depois de ser colocado no fogo, aquele grão de milho nunca voltará a ser o que era antes. Ele se transforma em algo melhor. Eu amo o processo de transformação! Quando eu me transformo em uma versão melhor de mim mesma, mesmo que as pessoas não acreditem em mim, mesmo que tudo conspire contra, eu nunca mais vou partir do zero. Nunca mais voltarei a ser o que era antes. Já estou transformada pela renovação do meu entendimento, que é o que me leva a viver a vontade de Deus!

Quando entendo isso, percebo que não preciso mais viver me comparando com ninguém. Não importa como você começou a sua carreira, o seu casamento, ou qualquer outro plano da sua vida, o que interessa é onde você deseja chegar. Acredite, o sucesso será uma questão de tempo e dedicação.

> **Grave isto na sua memória:**
> **você é criação amada de Deus.**
> **Apesar das suas dificuldades, Deus nunca**
> **fará você passar por nada além do**
> **que você pode suportar.**

Há alguns anos eu estava bem inconformada com uma situação e fui para o meu quarto meditar. Perguntei a Deus: "Isso que eu estou passando está além do que eu posso suportar, como o Senhor permite isso?". Então, a doce voz do meu Criador falou comigo: "Filha, eu não vou permitir que você passe por nada além das suas forças, mas eu também nunca disse que daria menos do que você pode suportar". Isso quer dizer que o "suportômetro" é o Criador dizendo: "Você consegue passar por isso; você é forte!".

Deus não vai permitir nada que esteja além das suas forças, mas também não será um milímetro a menos do que você pode aguentar.

Segunda lição do autoconhecimento:
A verdade liberta.

Este é mais um princípio espiritual poderoso: a verdade liberta! Lembre-se do que falamos sobre o falso *self*? Não podemos enganar todos o tempo todo, não é mesmo? Mais do que isso: não podemos viver nos enganando e jamais enganaremos a Deus. Ele nos conhece intimamente, todos os nossos pensamentos e desejos mais profundos.

Tentamos nos proteger, defendendo a nossa reputação e terceirizando culpas. No processo de autoconhecimento, porém, devemos baixar as defesas do nosso ego. Ter uma postura madura é saber lidar com o erro e aceitar a realidade, sem deixar que essa realidade destrua o seu interior. A verdade nos liberta de toda prisão.

E conhecerão a verdade, e a verdade os libertará.
(João 8.32)

Depois de comer do fruto e entregá-lo a Adão, Eva foi questionada por Deus e, de imediato, ficou na defensiva. Esta é a tendência humana: tentar se proteger, defender a reputação, mas, nesse processo do autoconhecimento, precisamos baixar as defesas do ego, parar de resistir aos acontecimentos e fatos. Se são fatos, é porque já aconteceu! A postura madura e correta é aceitar e lidar com a realidade, sem se deixar destruir por ela.

Quando você sente dor, por exemplo, seja física, como um ombro dolorido, seja mental, como depressão ou ansiedade, a reação natural é tentar evitá-la. Isso parece muito sensato porque a sensação de dor física ou mental é desagradável. Você pode até tentar ignorar a dor, se distrair, recorrer a drogas (permitidas ou não) ou ao álcool para amortecer o desconforto. Aquela dor pode até ser amenizada por determinado tempo, mas, se a causa não for devidamente tratada, vai continuar presente. Por mais que seja difícil, tentar evitar o problema ou apenas colocar um *band-aid* em um machucado não resolve a questão; apenas adia a cura. O momento do confronto vai chegar, ou seja, o tempo de cauterizar a ferida, e a dor poderá ser até maior se passar muito tempo.

Depois de deixar para trás o papel de vítima e encarar a verdade, há mais uma lição que eu gostaria que você aprendesse a seguir durante o seu autoconhecimento.

Terceira lição do autoconhecimento:
Humildade.

Humildade não é humilhação.

Como profissional da comunicação, gosto de estudar as palavras. A palavra "humilde", por exemplo, é a "qualidade de quem é modesto, simples, humilde; qualidade de quem tem consciência de suas limitações".[2] Isso é bom, você não acha? Quando conheço as minhas limitações, posso me desafiar a superá-las.

A terceira lição do autoconhecimento é justamente ser humilde para aceitar que precisamos de ajuda. Ninguém pode viver isolado de tudo e todos. Quer saber algo incrível? Até Jesus recebeu ajuda!

---

[2] Dicionário Aurélio *On-line*. Disponível em: https://www.dicio.com.br/humilde. Acesso em: 16 maio 2021.

Sim, quando estava a caminho do calvário, pronto para morrer, aceitou a ajuda de Simão, o cirineu, que carregou-lhe a cruz por algum tempo.[3] Você se lembra dessa parte da história? Deus levantou um ajudador para Jesus no momento mais difícil da caminhada. Em muitos outros momentos, Jesus também foi abrigado para dormir, recebeu alimentos e outros tipos de suporte. Jesus era extremamente humilde e sábio.

Você não tem que fazer tudo sozinha, não precisa resolver tudo sozinha! Você não é a Mulher-Maravilha. Você precisa abandonar o orgulho e pedir ajuda para Deus e para as pessoas nas quais confia.

Adão e Eva não puderam fazer as próprias roupas, quanto mais trazer redenção sobre si mesmos e suas futuras gerações. Em Gênesis 3.21 está escrito: "O Senhor Deus fez roupas de pele e com elas vestiu Adão e sua mulher". Eles não tinham como consertar o próprio erro, mas necessitavam buscar a ajuda do Senhor para seguir em frente.

Convido você a avaliar em quais áreas você precisa de ajuda. Experimente abandonar o seu orgulho e pedir ajuda. Certamente você obterá a ajuda que precisa.

6. O RETORNO DA GUERREIRA

Depois desses passos que demos juntas em direção ao autoconhecimento, vamos voltar a falar da guerreira. Lembra-se dela? Sim, é aquela que está aí dentro de você e só precisa de uma forcinha para sair e conquistar tudo aquilo que Deus lhe reservou. A sua transformação vai impactar todos ao seu redor! A sua mudança vai servir de inspiração e testemunho na sua casa, na sua família, no seu trabalho e em todos os lugares em que você estiver.

[3] Mateus 27.32; Marcos 15.21; Lucas 23.26.

Os erros que você cometeu ou as situações e os traumas que você viveu no passado — e que muitas vezes não foram sua culpa, como casos de violência e abuso — não anulam de forma alguma os planos de Deus para a sua vida. Esse plano superior é soberano.

Vamos nos lembrar do que aconteceu com Adão e Eva. Em Gênesis 4.1 está escrito: "Adão teve relações com Eva, sua mulher, e ela engravidou e deu à luz a Caim. Disse ela: 'Com o auxílio do Senhor tive um filho homem' ". Adão e Eva tiveram que enfrentar as consequências de suas escolhas e seguir em frente, para fora do paraíso, dependendo agora mais do que nunca do auxílio do Criador. A despeito de toda censura e reprovação, e de toda a culpa que jogamos sobre os ombros dela, Eva consolidou-se como mãe da humanidade. Deus não a descartou, ele realinhou o destino de Eva e deu-lhe uma chance de futuro. Deus também é justo e puniu a serpente enganadora, anunciando o plano de redenção (Gênesis 3.14,15).

O Senhor tomou Eva, aquela mulher fracassada, culpada, enganada, humilhada e a inseriu como protagonista na maior guerra da história humana, no maior plano de redenção de uma raça, a humanidade como um todo. A guerreira Eva estava de volta! Agora, como protagonista de uma grande batalha, a batalha da sua vida. Uma batalha na qual estava predestinada a ser mais que vencedora.

7. VAMOS PRATICAR?

Para fechar o ciclo do autoconhecimento e deixar aflorar de vez a guerreira que existe em você, proponho alguns exercícios bastante práticos. Sugiro que você dê uma pausa na leitura agora e faça os exercícios com calma. Eles vão ajudar muito você a estar preparada para os próximos capítulos desta jornada.

a) Descreva no quadro a seguir o que você sabe (tanto do que se lembra quanto do que contaram a você). Quais os fatos e os sentimentos mais importantes que vêm à sua mente quando pensa nesses períodos?

VIDA INTRAUTERINA	INFÂNCIA	ADOLESCÊNCIA

b) Agora, analisaremos os nossos pontos fortes e pontos fracos. Escreva-os no quadro abaixo e reflita sobre cada um deles. Preste atenção em suas virtudes, não em suas fraquezas para programar os próximos passos:

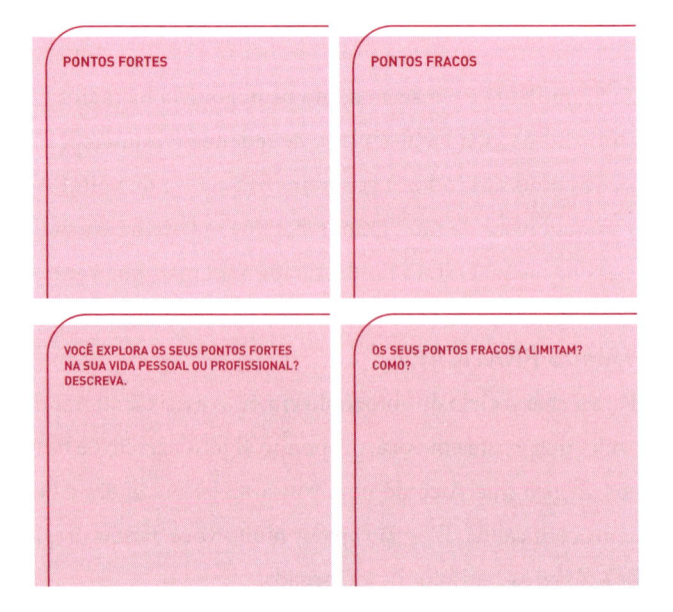

PONTOS FORTES	PONTOS FRACOS

VOCÊ EXPLORA OS SEUS PONTOS FORTES NA SUA VIDA PESSOAL OU PROFISSIONAL? DESCREVA.	OS SEUS PONTOS FRACOS A LIMITAM? COMO?

c) Perfil comportamental. Este exercício é ótimo para descobrir qual é o seu perfil comportamental. Trata-se de um modelo de avaliação criado pelo psicólogo americano William Moulton Marston (1893-1947) e descrito em seu livro *Emotions of Normal People*, publicado em 1928.[4] Segundo o autor, existem quatro traços básicos de comportamento nas pessoas: Dominância (D), Influência (I), Estabilidade (S) e Complacência (C):

- Dominância diz respeito a como você lida com problemas e desafios;
- Influência, como você lida com pessoas e as influencia;
- Estabilidade, como você lida com mudanças;
- Complacência, como você lida com regras estabelecidas por outros.

8. ORAÇÃO

Para encerrar este capítulo, sugiro que você faça esta oração comigo:

> "Senhor, eu te agradeço por todas essas verdades espirituais que aprendi até aqui. Peço que o Senhor me ajude neste caminho do autoconhecimento. Declaro que rompo, em nome de Jesus, todas as resistências emocionais e psicológicas que me impedem de avançar e de ser verdadeiramente a guerreira que o Senhor criou em mim. Não vou mais fazer papel de vítima, nem me esconder atrás

---

[4] Para fazer o exercício, acessar o blog Runrun.it. Disponível em: https://blog.runrun.it/teste-disc-que-estilo-de-profissional-e-voce/. Acesso em: 5 maio 2021.

dos meus problemas. Com a ajuda do Senhor, vou enfrentá-los e ter vitória. Eu vou viver essa transformação e ser uma mulher mais que vencedora em todas as áreas da minha vida! Amém!".

Neste capítulo você aprendeu a...

- Escolher ser uma guerreira, ao saber quem você é em Deus.
- Reconhecer e superar cada um dos bloqueios que impedem você de se conhecer de verdade.
- Identificar os sentimentos que a estão sequestrando emocionalmente e, assim, conseguir se aprofundar mais no autoconhecimento.
- Conhecer a herança perdida em você e desmascarar o falso *self* para recebê-la.
- Aceitar que você não sabe tudo; compreender que essa é a sua melhor versão no momento; não deixar de buscar desenvolvimento.

De bem com o passado

CAPÍTULO 2

+QV

Neste capítulo vou compartilhar com você um dos pilares mais importantes para viver a sua nova vida, os pontos mais importantes para deixar a sua vida 100% preparada para o novo. Preste muita atenção neste trecho: preparada para o NOVO.

Muitas pessoas não vivem uma vida livre de verdade. Continuam presas e, de certa forma, escravizadas, sem conhecer a verdadeira paz e tranquilidade. Não estou falando sobre vida sem problemas; afinal, isso não existe. Falo de viver a vida de forma que você assuma o controle, de tal maneira que não será mais impactada pelas situações.

A luz da Bíblia guiará você nesse aprendizado. Além disso, apresentarei argumentos científicos e compartilharei com você exercícios práticos para ajudar no processo. Se você puser em prática tudo o que aprender neste capítulo, o impacto na sua vida será imediato.

Preparada?

Comecemos pelo que eu chamo de libertação pelo perdão.

1. LIBERTAÇÃO PELO PERDÃO

Imagine como seria incrível se existisse um remédio supereficiente e com múltiplos benefícios, entre eles: curar dores físicas e emocionais, prevenir doenças graves, aliviar o estresse, melhorar o seu desempenho no trabalho e na vida profissional, sem contraindicações, gratuito e que está ao alcance de todos! Quem não gostaria de provar essa pílula milagrosa?

Vou dar uma ótima notícia para você: esse remédio existe e se chama *perdão*. É exatamente isso! O perdão é algo muito poderoso e pode transformar a nossa vida em todos os aspectos, físicos e emocionais. Infelizmente, é algo que praticamos muito pouco.

Quando pensamos em perdão, sempre imaginamos a dor e a dificuldade de ter que perdoar alguém que nos magoou, mas geralmente nos esquecemos de todos os benefícios que ele pode nos proporcionar. Além de tudo o que citei, como a prevenção de doenças, o perdão nos traz algo que nenhum tratamento de saúde pode comprar: paz. Você já experimentou a maravilha que é perdoar e ficar em paz? Isso não tem preço!

O perdão é a ponte para a paz!

Praticar o perdão é o primeiro passo que precisamos dar para estar de bem com o nosso passado. O tema central deste capítulo é exatamente estar em paz com o passado. Não é possível avançar, seguir em frente, se o passado, que de certa forma ainda segura, nos puxa para trás. O passado sempre vai existir e deve servir de aprendizado, mas nunca ser uma prisão.

A falta de perdão nos prende ao passado. Geralmente, se não perdoamos, ficamos reciclando interiormente os mesmos sentimentos de mágoa e dor. Isso atrasa o nosso crescimento e transforma a nossa história num ciclo de sofrimento sem fim.

Lembre-se: Deus tem um propósito para cada ser humano. E o propósito não é que vivamos presos ao passado, muito menos escravos de dores e sofrimentos. Quando Jesus carregou sobre os ombros dele todas as nossas dores, ao morrer por nós, também levou todos os nossos pecados. Ele nos deu a chance de reescrever a história da nossa vida! Para isso, porém, você precisa acreditar que pode ser o protagonista da sua história de vida.

Gosto de comparar a vida com a história de um filme. Se podemos escolher qual será o nosso papel, pense por um momento qual papel você vem ocupando no filme da sua vida? Você tem sido protagonista ou coadjuvante? Entenda o que significa cada papel e reflita.

- **Papel de vítima:** transforma a dor em sofrimento; é dependente de pessoas e situações.
- **Papel de vilã:** transforma a dor em mágoa, amargura e vingança; muitas vezes passa a agredir e atacar todos ao redor.
- **Papel de protagonista:** transforma a dor e o sofrimento em superação e assume a missão de "salvar", ou seja, ajudar outros. Esta é a guerreira, a heroína da história, aquela que se liberta e ajuda outros a se libertarem.

Qual deles é o seu papel hoje? Qual você deseja que seja no futuro?

Pare de achar que o mundo conspira contra você e decida ser a protagonista da sua história. Como Paulo nos ensina em Romanos 8.28, todas as coisas cooperam para o bem daqueles que amam a Deus e que são chamados segundo o seu propósito. Essa passagem é o lema da minha vida!

Quando assistimos a um bom filme, certamente é porque ele foi construído com excelente roteiro. Para isso, foi necessário um bom roteirista. Atualmente, são alguns dos profissionais mais caros no mercado do entretenimento. Um roteirista de cinema ou de uma série de TV famosa vale milhões.

Para o filme da nossa vida, temos o melhor roteirista de todos: Deus. Ele é o mais valioso de todos, mas não cobra nada. Nem todo o dinheiro de Hollywood poderia nos dar um roteirista como Deus. Antes mesmo do nosso nascimento, ele escreveu toda a nossa jornada (Salmos 139.16) e projetou um final vencedor para a nossa história.

Para encontrarmos o nosso caminho, o nosso verdadeiro propósito e papel no filme da nossa vida, no entanto, temos de aprender a perdoar verdadeiramente.

Quem não perdoa
não encontra perdão.

Aprendemos que a falta de perdão nos impede de avançar e nos aprisiona no passado. Como, então, nasce a amargura?

A amargura nasce da mágoa que, por sua vez, é o resultado de pequenas rachaduras, pequenos arranhões que não são tratados, não são curados e crescem; tudo isso no nosso interior. Essas feridas despertam raiva, ódio e desejo de vingança, sempre trazendo à memória interpretações e lembranças de um passado de dor.

Essas pequenas mágoas precisam ser esclarecidas. Precisamos curá-las com confissão e diálogo para que não cresçam no nosso interior. Se permitirmos que elas cresçam, poderão se tornar raízes da depressão, do suicídio e da violência.

Para que você tenha consciência, possa diagnosticar as suas mágoas e iniciar o seu processo de cura, apresento agora alguns princípios espirituais:

1) A amargura contamina você e o próximo: "que nenhuma raiz de amargura brote e cause perturbação, contaminando muitos" (Hebreus 12.15);
2) A paz só existe longe de amarguras: "Livrem-se de toda amargura, indignação e ira, gritaria e calúnia, bem como de toda maldade. Sejam bondosos e compassivos uns para com os outros, perdoando-se mutuamente, assim como Deus os perdoou em Cristo" (Efésios 4.31,32);
3) A amargura afasta as pessoas: "Melhor é viver no deserto do que com uma mulher briguenta e amargurada" (Provérbios 21.19).

Muitas pessoas permitem que cresça em seu coração esse sentimento de amargura. Não entendem que as mais prejudicadas são elas mesmas.

Sejamos sinceros: perdoar não é fácil. Afirmo, porque eu sei bem disso. Houve uma época na minha vida, quando eu ainda não havia passado por transformação, que eu costumava julgar muito as pessoas. Eu condenava as pessoas que tinham me magoado e não conseguia perdoá-las. Em determinado momento, Deus me disse claramente que "quem não perdoa não encontra perdão".

Lembro-me especificamente da situação que envolvia uma amiga próxima na época. Ela tomou uma atitude que considerei errada e veio até mim procurando por aprovação. Não tive como apoiá-la. O que ela tinha feito era contrário a tudo o que eu acreditava, contra todos os meus valores! Realmente acredito que o papel do verdadeiro amigo é sempre alertar sobre o caminho certo. Entendo que não posso condenar ninguém por suas escolhas, mas também não posso endossar algo que vai contra os meus princípios. Infelizmente, ela não entendeu a minha posição e ficou extremamente magoada. Sentiu-se desamparada e nos afastamos. Aquilo me abalou muito.

O Santo Espírito começou, então, a me incomodar para procurá-la e pedir perdão, mas eu resistia (às vezes a gente teima em discutir com Deus!): "Por que *eu* que tenho que pedir perdão? Não fiz nada de errado! Ela está errada, eu só agi segundo os meus princípios!". Eu continuava remoendo aquele sentimento, até que, numa madrugada, o Senhor me acordou e disse que eu tinha que ligar para ela e pedir perdão.

Aquela direção do Santo Espírito foi tão forte que liguei naquele exato momento, no meio da madrugada. Ao ouvir a minha voz, ela disse quase chorando: "Graças a Deus, você ligou, a minha filha está sufocando!". Ela tinha uma bebê, e a menina estava engasgada! Oramos juntas, e a criança melhorou no mesmo instante. Em seguida, pedi perdão por tê-la magoado, conversamos e desliguei o telefone em paz. Foi como se um peso muito grande tivesse sido tirado das minhas costas! Isso não significa que passei a apoiar a atitude que ela tinha tomado, mas que decidi abrir mão do meu orgulho para pedir perdão primeiro.

E você? Pare e pense um pouco. Será que o seu orgulho está impedindo você de enxergar para quem deve pedir perdão? Vamos lá! Reflita! Será que você é tão incrível e maravilhosa que nunca precisou de perdão?!

No livro *Mentes tranquilas, almas felizes*, a autora Joyce Meyer fala um pouco sobre isso. Afirma que o culpado pelo fracasso de muitos relacionamentos é justamente o conflito, quando não queremos enfrentar os nossos problemas e vivemos cultivando mágoas e ressentimentos.[5]

Jesus nos ensinou a perdoar. Ele nos mostrou que devemos ter um coração com capacidade de perdoar 70 vezes 7, ou seja, quantas vezes forem necessárias: "Então Pedro aproximou-se de Jesus e perguntou: 'Senhor, quantas vezes deverei perdoar a meu irmão quando ele pecar contra mim? Até sete vezes? Jesus respondeu: 'Eu digo a você: não até sete, mas até setenta vezes sete" (Mateus 18.21,22).

Entre tantas coisas maravilhosas que Jesus nos ensinou, se você conseguir praticar pelo menos o perdão, eu tenho certeza absoluta de que a sua vida com certeza será transformada.

Ele nos deu exemplo disso em todos os momentos de sua vida e até em sua morte; mesmo na cruz pediu ao Pai que perdoasse seus assassinos. Entre tantas coisas maravilhosas que Jesus nos ensinou,

---

[5] MEYER, Joyce. **Mentes Tranquilas, almas felizes**. São Paulo: Thomas Nelson, 2019.

se você conseguir praticar pelo menos o perdão, eu tenho certeza absoluta de que a sua vida com certeza será transformada.

Como viver essa transformação?

Até aqui imagino, e espero, que você tenha chegado à conclusão de que realmente precisa praticar o perdão para começar a limpar o seu passado e viver de fato um novo tempo. Contudo, creio que você possa estar se perguntando: "Mas como faço isso? Como vou conseguir perdoar ou pedir perdão?". Para ajudar você a iniciar essa jornada, tenho algumas sugestões:

— Perdoar não é esquecer, é ressignificar!

Essa verdade me ajudou muito! Não somos como os nossos *smartphones* ou computadores, nos quais podemos simplesmente apagar, deletar, excluir imagens e arquivos. Alguns aplicativos nos permitem até mesmo escolher "voltar". Isso seria perfeito, não é? Perdoar, contudo, não é esquecer, é lembrar, mas sem sentir dor. É como uma ferida cicatrizada: está lá ainda, mas não dói mais. Perdoar é não ter pendências espirituais.

Isso não significa que temos de conviver novamente com a pessoa, nem sempre. É aprender com o passado, levar pela mão aquela "criança ferida" que ainda está chorando dentro de nós. Talvez essa criança tivesse a ilusão de que não seria magoada por ninguém, mas não foi bem assim que aconteceu. A nossa maturidade tem que tirar essa criança interior da agressão, da dor e da ofensa.

Precisamos optar por uma postura mais madura e inteligente, porque não é sábio guardar mágoas e fracassos. Pare de contar em detalhes as suas amarguras, mas também não precisa ter um esquecimento completo. Ter uma lembrança curta do que se passou é bom. Quando somos curados, essa lembrança não dói mais, mas se transforma em um testemunho, e isso nos faz bem.

A criança que precisa estar viva dentro de você não é a criança ferida, mas a criança pura, que ri por qualquer motivo, que insiste em ser feliz.

A falta de perdão faz de você uma escrava, faz que você trabalhe a favor das mágoas, não a favor de você mesma. Não perdoar é uma maneira de chamar a atenção do outro para a sua dor. Você precisa entender que só você pode trazer cura para a sua dor, desentulhando os seus sentimentos.

Não seja escrava da dor — dor com o seu pai, dor com a sua mãe, com os relacionamentos amorosos ou de amizade —, pois tudo que não curamos impomos aos outros. Nunca encontraremos felicidade enquanto escolhermos a mágoa e a falta de perdão. A felicidade está na reconciliação que o perdão pode gerar.

O que temos de mais lindo e belo nunca poderá florescer numa mente que contém ódio. A fórmula não é mágica, mas eficaz: precisamos dar um novo significado às dores.

Ressignificar consiste em dar um novo significado a algo, por meio de um novo entendimento, uma nova visão da vida. Vou contar uma experiência simples, mas que exemplifica bem isso. Quando eu era criança, durante as férias, costumávamos jogar buraco, baralho, em família. Cresci sabendo jogar buraco. Nesta quarentena, o meu filho mais velho, David, me convidou para jogar truco. Eu nunca tinha jogado truco, apesar de também ser um jogo de baralho, não tinha ideia de como seria. Então, ele teve que me ensinar.

Admito que eu tinha um certo preconceito com o jogo, mas acabei achando divertido. É interessante como a mesma carta pode não valer nada em um jogo e tudo em outro! É o mesmo baralho, são as mesmas cartas, mas em outro jogo, com regras diferentes, o valor é outro. As coisas se ressignificam. Você pode mudar as regras do jogo e atribuir novos valores às suas cartas.

Por isso, em vez de olhar para as situações difíceis que viveu e assumir a condição de derrotada e fracassada, dizendo: "Eu não sou capaz, porque fui traída, ou enganada, talvez abandonada, ferida, fiquei doente", repita a verdade que libertou você da dor, declare a vitória: "Eu venci a traição (ou o engano, a dor, o abandono, a enfermidade). Com Jesus ao meu lado, posso superar qualquer barreira!".

"Ressignificar é transformar perdas em propósitos, erros em lições e, como aprendemos aqui, sofrimento em superação!"

Podemos transformar fraquezas em fortalezas e memórias de dor em consciência de soberania. Quando fazemos isso, assumimos o controle das rédeas da nossa vida. O que fizeram com você, ou contra você, não define quem você é, as suas escolhas sim!

— Somos transformados quando passamos pelo portal do perdão.

Sabe por que muitas vezes não conseguimos perdoar? Porque nunca pedimos perdão. Quando precisamos de perdão, fica mais fácil perdoar quem nos feriu. Você precisa se pôr no lugar do outro, porque não somos os donos da verdade. Quem somos nós para negar a segunda chance para alguém? A segunda oportunidade de felicidade e redenção?

Jesus nos deu todas as oportunidades de arrependimento e nos perdoou de todos os nossos pecados, mas nem sempre, conseguimos praticar o perdão com as pessoas que estão à nossa volta.

O perdão torna a nossa vida mais leve e simples. Para alcançarmos a libertação completa, no entanto, precisamos enfrentar questões complexas e, muitas vezes, pesadas e dolorosas. Isso pode envolver também situações que simplesmente fogem do nosso controle. Afinal, quem escolhe passar por abuso? Por violência? Por injustiça? Por traição ou humilhação? Não podemos controlar o que fazem conosco, mas podemos escolher o que faremos com tudo isso — se será justificativa da nossa desistência ou a causa da nossa determinação. Se você passou por isso, não precisa viver presa a esse sentimento para o resto da vida.

Fomos criadas como as águias, para voar alto, mas nós mesmas nos impomos alguns cativeiros emocionais. Um dos piores é justamente a falta de perdão.

Quem perdoa vive mais!

Está cientificamente comprovado que há uma grande relação entre sérias doenças físicas e emocionais e a falta de perdão. O ressentimento desperta sentimentos destrutivos, como ódio, rancor, mágoa, vingança e medo. O acúmulo de sentimentos tóxicos afeta até a nossa imunidade, tornando-se um dos fatores de risco para o aparecimento e avanço de diversas enfermidades.

Alguns estudos apontam que a mágoa e o ressentimento podem contribuir para o desenvolvimento de doenças, como aparecimento de cistos, dores musculares, asma, compulsão alimentar, depressão e alguns tipos de câncer. A falta de perdão também aumenta a produção de hormônios ligados ao estresse e ao desgaste emocional, como o cortisol, afetando o nosso humor e consequentemente a nossa produtividade.

> **Como escreveu William Shakespeare:**
> **"Guardar ressentimento é como tomar veneno e esperar que a outra pessoa morra".**
> **Isso traz enfermidades para a alma, para o corpo e é uma grande brecha no mundo espiritual.**

Outros estudos a respeito do perdão foram realizados por importantes pesquisadores em diferentes partes do mundo.

A pesquisadora Amy Owen, da Universidade de Duke, nos Estados Unidos, por exemplo, percebeu que portadores do vírus HIV que perdoavam de verdade aqueles que os infectaram apresentavam em seus exames uma melhora significativa no seu sistema imunológico.[6]

Nesse estudo, neurocientistas explicam que encontraram em exames de imagem, ao mapear o cérebro durante episódios de emoções muito fortes, alterações químicas decorridas de situações muito parecidas com as que necessitam de perdão.

Sabendo que é do cérebro que partem estímulos nervosos para o resto do corpo e, sobretudo, para o coração, entenderam que essas situações estressantes, traumáticas e que geram mágoa e raiva causam impacto no sistema cardíaco, pois pode elevar a pressão arterial e afetar o ritmo dos nossos batimentos. Em outras palavras, quando não perdoamos, somos os mais prejudicados.

Em contrapartida, o perdão é uma arma tão forte que até os "culpados" podem se beneficiar dele. Outro estudo interessante publicado no jornal britânico acadêmico *Personal Relationships*, da Universidade de Cambridge, aponta que, quando uma pessoa perdoa a outra, ambas apresentam redução na pressão arterial.[7]

O ato de perdoar também fortalece o nosso sistema límbico, que é a unidade responsável pelas emoções e pelos comportamentos sociais.

---

[6] Pesquisa **Forgiveness and Immune Functioning in People Living with HIV-AIDS**, de 2011, de autoria de Amy D. Owen, R. David Hayward, & Loren L. Toussaint, pelas instituições Center for Spirituality, Theology, and Health, Duke University Medical Center Neuropsychiatric Imaging Research Laboratory, Duke University Medical Center Department of Psychology, Luther College. Disponível em: https://www.academia.edu/22145710/Forgiveness_and_Immune_Functioning_in_People_Living_with_HIV_AIDS. Acesso em: 20 maio 2021.

[7] O estudo "Corações feridos: disponibilidade de perdão e risco cardiovascular" foi publicado no jornal britânico acadêmico *Personal Relationships*, da Universidade de Cambridge, de autoria da psicanalista brasileira Suzana G. P. Avezum. Os resultados do estudo foram apresentados no 40º Congresso da Sociedade de Cardiologia do Estado de São Paulo (Socesp), em 2019.

O perdão pode até fortalecer um relacionamento depois de uma traição, no processo de recuperação do trauma, garantindo mais satisfação na relação e mais comprometimento mútuo, afirmam pesquisadores da Universidade de Missouri (EUA).[8]

Quando compreendemos que podemos transformar o veneno mortal em antídoto, é poderoso! Pratique o perdão. Na próxima oportunidade de ser feliz, você estará vacinada e pronta para pegar as pedras que eventualmente atirarem em você para construir seu futuro.

2. A COMPREENSÃO VERDADEIRA DO QUE É PERDÃO

Quando comecei a buscar entender melhor o que é perdão, deparei com estas verdades libertadoras:

— Perdão não é um sentimento, é uma decisão!

Ouço muitas pessoas dizerem que não sentiram vontade de perdoar ainda ou que estão esperando por um sinal para perdoar. Pois bem, tenho uma verdade muito importante para dizer: perdão é atitude, não sentimento.

Muitos me perguntam: "Quando eu sei se perdoei uma pessoa?", ao que respondo: "Se você ainda está na dúvida, é porque não perdoou". Isso é muito claro.

Precisamos liberar perdão na vida daqueles que nos feriram e magoaram, não porque temos razão ou porque eles merecem o nosso perdão. Liberar perdão é uma decisão espiritual que devemos tomar. Não podemos esperar "sentir" vontade de perdoar. Simplesmente decida perdoar.

---

[8] Christine Proulx. *Unforgiveness, depression, and health in later life: the protective factor of forgivingness*, 2015. University of Missouri College of Human Environmental Sciences. Department of Human Development and Family Science. Disponível em: https://www.sciencedaily.com/releases/2015/09/150901135117.htm. Acesso em: 20 maio 2021.

Esse perdão tem que ser completo: para aqueles que nos magoaram e feriram, mas também para nós mesmas. Perdão não depende do arrependimento do outro, pois talvez o outro nunca mude. Não depende das circunstâncias, nem do tempo, nem da vontade. É uma decisão.

— Perdão não é um "selo de aprovação" ou de "validação".

Nesse ponto, existe muita confusão. A pessoa acredita que, ao perdoar a outra, tem que aceitá-la de volta ao seu círculo de confiança ou passar a apoiar o seu comportamento a partir daí. É óbvio que o ideal é que as pessoas se arrependam e que nós, como pessoas de bem, devemos orar e indicar o melhor caminho, mas o perdão não pode estar condicionado a isso. Na verdade, não pode se condicionar a nada.

— Não perdoamos porque o indivíduo merece o nosso perdão; perdoamos porque nós merecemos ser livres.

Perdoar não consiste em aceitar o comportamento de quem agride, mas em nos libertar das amarras dos ressentimentos, passando a ser maior do que os problemas enfrentados.

— Perdão não anula consequências, mas destrói as pontes que nos mantêm conectadas emocionalmente àquelas pessoas ou situações.

Quando perdoamos, deixamos de ser juízes de causas que não cabem a nós julgar. Deposite tudo nas mãos de Deus. Tudo aquilo que o homem plantar ele também colherá.

3. O CICLO DO PERDÃO

Quem não aprende a perdoar não é perdoado. Esta é uma verdade espiritual que Jesus nos ensinou:

> *Pois, se perdoarem as ofensas uns dos outros, o Pai celestial também perdoará vocês. Mas, se não perdoarem uns aos outros, o Pai celestial não perdoará as ofensas de vocês.* (Mateus 6.14,15)

Agora que aprendemos que o perdão pode curar, libertar e nos preparar para um novo tempo, vamos aprender a dar quatro passos para aplicar completamente isso na nossa vida.

1º passo: autoperdão

A culpa é um dos piores cárceres emocionais, pois nos dá a sensação de que estamos condenados a uma vida infeliz, pois é "o que merecemos".

Em Lucas 15.11-32, Jesus conta a parábola do filho pródigo. Nessa parábola, ele nos fala de um jovem que decidiu sair de casa e desperdiçou toda a sua herança. Esse jovem passou, então, a viver em uma condição deplorável, pois não se sentia digno de voltar para casa, mesmo depois de ter se arrependido. No entanto, quando ele finalmente decide voltar, o pai o recebe de braços abertos.

Jesus quis nos mostrar, por meio dessa história, como o Senhor nos enxerga — como filhos. Somos filhos de Deus, estando perto ou longe dele, errando ou acertando, ele nunca deixará de nos amar como Pai.

Se Deus pode nos perdoar e se esquecer dos nossos pecados, por que insistimos em nos autocondenar? Talvez hoje você não consiga se perdoar pelas péssimas escolhas que fez no passado: por ter jogado um relacionamento fora, por não ter se dedicado como deveria ao trabalho, por não ter cuidado da saúde, por ter abandonado o seu chamado etc.

O Senhor nos perdoa e sempre nos recebe de volta com os braços abertos. Deus não nos trata de acordo com os nossos erros (ainda bem!). O filho pródigo esbanjou toda a herança, mas recebeu todas as condições necessárias para escrever uma nova história. Sempre haverá um caminho de reconstrução, de restauração e de restituição, desde que o arrependimento seja verdadeiro, ou seja, aquele que não só produz lágrimas, mas também novas atitudes.

> *Portanto, agora já não há condenação para os que estão em Cristo Jesus, que não vivem segundo a carne, mas segundo o Espírito.* (Romanos 8.1)

Recentemente, ao conversar com uma mulher, ela me contou que havia alguns anos traiu o marido. Ela ainda não era convertida, o casamento não estava bom e sabe que cometeu um grave erro. Segundo ela, o marido a perdoou, foi duro e difícil, mas houve perdão.

Eles se converteram depois disso, hoje têm uma família, filhos, mas ela confessou que o casamento nunca mais foi o mesmo. Então, perguntei: "E você? Você se perdoou?". Ela começou a chorar muito e disse que não. Expliquei que o que estava impedindo a restauração completa do casamento era justamente a falta de autoperdão. Ela precisava se perdoar! Só assim poderia ter uma vida feliz no casamento.

Nenhum de nós é perfeito. Erramos muito, às vezes, até mesmo na intenção sincera de acertar. Algumas pessoas acabam carregando culpa pelo resto da vida e vivem em um ciclo de acusação: "Se eu tivesse feito isso", ou "Se eu não tivesse dito aquilo".

Reflita sobre isto um pouco: esses sentimentos vão mudar o que aconteceu? Essa culpa vai apagar os erros passados? Claro que não! É justamente o contrário. A culpa é um dos maiores cárceres emocionais! Sentir culpa nos tira da condição de filhos de Deus e nos insere na condição de escravos.

Reconhecer erros é fundamental, e isso deve nos levar a um caminho de aprendizado e crescimento. Já a acusação, essa culpa tóxica e autodestrutiva, nos leva a um caminho de destruição. Jesus Cristo nos libertou de todo pecado e de toda acusação:

> *Pois ele nos resgatou do domínio das trevas e nos transportou para o Reino do seu Filho amado, em quem temos a redenção, a saber, o perdão dos pecados.* (Colossenses 1.13,14)

Eu sempre fui uma pessoa muito perfeccionista. Tinha dificuldade em lidar com os meus erros, porque sempre cobrei muito de mim mesma. Com o tempo e com a maturidade, entendi que precisava me reconciliar comigo mesma. Porque eu me culpava pelos problemas e não me permitia ser feliz.

O autoperdão implica que a pessoa se reconcilie consigo mesma e recomece verdadeiramente. Há um termo chamado "metanoia" que, ao pé da letra, significa: "além da mente". É o processo de renovação e expansão da nossa capacidade mental. Quem não passa por ele sempre será escravo de um passado que não tem futuro! O seu passado não vai mudar, mas certamente o seu presente e o seu futuro mudarão se você se perdoar.

2º passo: receber o perdão de Deus

O próximo passo neste processo é receber o perdão de Deus. Como vimos na parábola do filho pródigo, quando você entende que é amado, sabe que Deus vai perdoar e receber você de volta sempre. Quando pedimos perdão, o Senhor afasta de nós as nossas transgressões.

> [...] *como o Oriente está longe do Ocidente, assim ele afasta para longe de nós as nossas transgressões.* (Salmos 103.12)

Você errou? Assumiu a responsabilidade e as consequências? Aprendeu a lição e está disposta a mudar? Então, assuma a nova oportunidade que o Senhor está concedendo a você para ser feliz!

Responsabilidade não tem nada a ver com culpa. Sentir-se culpada não resolve nada. No entanto, sentir-se responsável por aprender com seus erros e buscar a melhor versão de si mesma é muito importante. Quando aprendi isso, parei de me cobrar tanto! Entendi que precisava me reconciliar com Deus e comigo mesma. Passei a me aceitar e a me amar mais, parei de me julgar e de me comparar com outras pessoas. Peça perdão e receba o perdão de Deus; assim, abrirá caminho para uma segunda chance de felicidade!

3º passo: perdoar o próximo, mesmo que seja "imperdoável"

É muito comum ouvirmos a seguinte expressão: "O que fulano fez não tem perdão". Geralmente pensamos assim quando nos referimos a coisas que consideramos graves, como crimes, assassinatos, traições. Contudo, temos de passar a pensar como Jesus nos ensina, por meio de toda a sua vida e de seus ensinamentos. Jesus nos ensinou que não existe nada imperdoável; se alguém diz o contrário, trata-se de uma das maiores mentiras da humanidade! Não existe pecado sem perdão.

A verdade é que somos muito críticos, julgamos os que erram, mas não gostamos de admitir que também erramos. Você já imaginou se fôssemos julgados como, muitas vezes, julgamos os outros? E realmente seremos!

Pois da mesma forma que julgarem, vocês serão julgados; e a medida que usarem, também será usada para medir vocês. Por que você repara no cisco que está no olho do seu irmão e não se dá conta da viga que está em seu próprio olho? Como você pode dizer ao seu irmão: 'Deixe-me tirar o cisco do seu olho', quando há uma viga no seu? Hipócrita, tire primeiro a viga do seu olho e, então você verá claramente para tirar o cisco do olho do seu irmão. (Mateus 7.2-5)

Precisamos ajustar as nossas expectativas em relação aos outros. Atribuímos muito dos nossos fracassos à omissão, aos erros ou à ausência dos pais, por exemplo. Antes de culpá-los, porém, lembre-se de que **ninguém pode dar aquilo que não tem.** Procure entendê-los, em vez de julgá-los.

Mantenha em foco aquilo que está sob o seu controle: fazer diferente! Não podemos escolher os nossos progenitores, mas podemos escolher que tipos de filhas e mães seremos.

O que o outro vai fazer com o seu perdão é problema dele com Deus! Perdoe porque você precisa perdoar para liberar a sua vida!

Jesus nos ensinou e nos mostrou por meio do exemplo que seríamos traídos em nossa caminhada. A traição que dói mais não é a que vem de uma pessoa que você não conhece ou conhece pouco, mas a que vem de alguém que você ama e na qual confia. Se você acha que não está pronto para tomar essa atitude, peça para que Deus conceda a você forças e faça isso. Libere perdão, ore pelas pessoas que feriram você. Pessoas ferem geralmente porque foram feridas. Perdoar é exercer a mesma misericórdia e compaixão que nos libertará no futuro.

Isso, porém, não significa necessariamente que você precisa trazer de volta aquela pessoa para o seu ciclo de amizades e convivência.

Nem sempre isso acontece, pois, quando se quebra o ciclo de confiança, pode levar um tempo para ser restabelecido.

4º passo: "perdoar a Deus"
(Ele não atendeu às minhas expectativas!)

Você deve estar se perguntando: "Como assim? Deus precisa do nosso perdão?!?". Obviamente que não, porque Deus não erra. Contudo, muitas vezes precisamos "perdoar" até mesmo Deus — que nunca falhou conosco —, porque não sabemos lidar com as nossas frustrações, as perdas ou as dificuldades da vida. Temos de tirar do nosso coração o sentimento de que ele "deveria" ou "poderia" ter feito algo por nós e não fez ou que deveria ter feito algo diferente simplesmente porque não fez a nossa vontade do nosso jeito.

"Onde estava Deus quando isso aconteceu comigo?" é um questionamento comum. "Por que ele permitiu que eu passasse por isso?".

Existem situações incontroláveis que simplesmente nos fazem perder o rumo e a esperança. Um roubo, uma demissão, uma traição, um abandono, uma enfermidade ou o "até breve" de quem amamos. Como podemos enxergar Jesus no meio de tanta injustiça, tanto sofrimento, tanta dor e tanta maldade?

Antes de entregar os pontos, eu quero lembrar você de que não é o fim da linha, mas o começo de uma jornada incrível. A crucificação não foi o fim, mas o caminho para a ressurreição. Foi um processo necessário para o cumprimento de um propósito maior.

Quero citar algumas personagens da Bíblia: Marta e Maria, irmãs de Lázaro; este era um homem íntegro e de bom coração. Ele sempre hospedava Jesus e sua comitiva durante suas viagens a Jerusalém. Cristo o considerava um grande amigo. Como a Palavra relata, Lázaro adoeceu e morreu.

> *Ao chegar, Jesus verificou que Lázaro já estava no sepulcro havia quatro dias. Betânia distava cerca de três quilômetros de Jerusalém, e muitos judeus tinham ido visitar Marta e Maria para confortá-las pela perda do irmão. Quando Marta ouviu que Jesus estava chegando, foi encontrá-lo, mas Maria ficou em casa. Disse, Marta a Jesus: "Senhor, se estivesses aqui meu irmão não teria morrido". (João 11.17-21)*

Como algo ruim pode contribuir para algo bom? Você pode se perguntar isso todos os dias, mas existe somente uma resposta: os caminhos de Deus são mais altos que os nossos! Lázaro estava morto havia quatro dias. Marta, ao ver Jesus, em vez de se alegrar, ficou indignada: "O Senhor poderia ter evitado esta grande dor, mas não a evitou". Maria também fez o mesmo questionamento, mas depois o adorou.

Por que Jesus não chegou a tempo de curar Lázaro? Jesus o deixou morrer de propósito? Não, a verdade é que existia um propósito naquela situação; tratava-se de um milagre de ressurreição.

Todas temos uma Marta e uma Maria dentro de nós. Uma Marta crítica e questionadora, que não perdoa a "ausência" de Jesus, e uma Maria que, "apesar da dor da morte do irmão", sabia que havia chegado consolo e solução.

Precisamos transformar a expectativa em esperança. Confiar em Deus não é esperar que ele faça tudo no nosso tempo e do nosso jeito, mas ter certeza de que ele fará o que é melhor para nós, no tempo dele.

Em determinado momento da vida, eu me dei conta de que eu não "perdoava Deus" por ele ter me feito passar por dores e tristezas.

Eu realmente acreditava que Deus era o grande responsável pelo meu sofrimento!

Eu pensava que, por ser filha de pastores, por ter sido criada na igreja e por ser muito temente ao Senhor, eu jamais passaria por momentos de dor e sofrimento. Na minha cabeça, eu imaginava que, pelo fato de eu ter feito sempre tudo certo a minha vida inteira (pelo menos eu achava que tinha feito tudo certo), eu não merecia passar por determinadas situações. No entanto, Jesus nunca nos prometeu isso; pelo contrário, ele nos alertou sobre tudo o que teríamos de enfrentar neste mundo:

> *Eu disse essas coisas para que em mim vocês tenham paz. Neste mundo vocês terão aflições; contudo, tenham ânimo! Eu venci o mundo.* (João 16.33)

Sabe o que, na verdade, era aquilo que eu pensava? Era a voz da derrota sussurrando-me, na tentativa de me impedir de viver o processo mais poderoso que uma pessoa pode viver: o processo da redenção. Esse caminho sempre surge quando sacrificamos algo em favor de um plano maior. Para atingir esse estágio, porém, eu precisava "perdoar" a Deus.

Certo dia, o Senhor me levou à leitura da passagem bíblica que mostrava o momento em que as mulheres questionaram Moisés no deserto, dizendo-lhe: "Por que você nos deu águas amargas?" (cf. Êxodo 15.23). Ao ler isso, lembrei-me de mim mesma, era exatamente isso que eu perguntava a Deus o tempo todo: "Por que estou passando por isso?", ou "O que eu fiz para merecer isso?".

Ao ler essa palavra, Deus me disse: "Tenha consciência de quem você é!". Foi nesse momento que se iniciou o meu processo de reconciliação com o Senhor. Ele está no controle de todas as coisas. As situações de sofrimento, por mais difíceis que sejam, nos fazem crescer. Esses desafios nos habilitarão a avançar. Ele nunca nos abandona, nem deixa que enfrentemos algo que não temos condições de suportar.

Outro dia, eu conversava com uma moça quando ela me disse: "Deus já levou o meu pai e a minha mãe", ao que eu respondi: "Você acredita que ele pode cuidar de você mesmo sem o seu pai e a sua mãe?". Temos de compreender que o mais importante é acreditar que Deus nos ama e, como Pai que ama os seus filhos, não dá tudo que eles pedem, mas deseja o melhor para eles. Você crê no amor de Deus? Então, acredite que ele sabe o que tem reservado para o seu futuro.

Dez verdades sobre o perdão

1ª Perdão é um ato contínuo, não automático (perdoar 70 x 7).
2ª Perdão não é um selo de aprovação! Ou seja, perdoar não significa que você concorda com o que a pessoa fez.
3ª Perdoar não é esquecer. Não existe o botão "delete" no nosso cérebro!
4ª Quem perdoa sempre encontrará perdão em Deus.
5ª Perdoar é se libertar de todas as amarras que determinada situação causou.
6ª Perdoar não depende do arrependimento do outro. Talvez aquela pessoa nunca se arrependa do que fez.
7ª Perdoar envolve autoperdão, perdão ao próximo e "perdão" a Deus!
8ª Perdoar nos torna solidários e misericordiosos. Afinal, ninguém é perfeito.
9ª Perdoar traz benefícios à saúde, tanto emocional quanto física.
10ª Perdoar traz reconciliação e fortalece relacionamentos.

Princípios espirituais para serem lembrados:
- **O perdão gera paz e tira você das mãos dos atormentadores!**
- **Quem perdoa encontra perdão!**
- **Só quem perdoa pode ser restituído!**

4. VAMOS PRATICAR?

O perdão precisa ser praticado. Esta é uma chave importante no mundo espiritual. Quando você perdoa, sabe o que acontece? Aquela situação, aquela dor que fazia você chorar e sofrer, acaba, fica no passado! Quem perdoa sempre encontrará o perdão de Deus.

Nossa prática será esta: quero que você pense em uma pessoa ou situação que magoou você e libere perdão praticando os passos que apresento neste capítulo.

1º Assista ao filme *A Cabana* (ou leia o livro, de autoria de William P. Young)

Você já assistiu a esse filme ou leu o livro? Ele mostra justamente uma situação em que um homem culpa Deus por uma tragédia ocorrida com a filha dele. Esse homem vivia atormentado após o assassinato da filha mais nova, cujo corpo nunca fora encontrado. Anos depois, ele recebeu um bilhete misterioso para que retornasse ao local do crime. Ali, nessa nova estadia, ele teve um encontro verdadeiro com Deus e começou uma jornada de cura e libertação.

> — Anote, em seu caderno de guerra,[9] as frases que mais inspiraram você (são muitas!). O que o filme (ou o livro) trouxe à sua lembrança?

---

[9] Você pode usar um caderno ou agenda no qual anota todos os seus pedidos de oração. Ele vai ajudar muito você quando orar, interceder por esses pedidos ou

— Existem áreas da vida de cada pessoa que precisam de cura. Quais são as suas? Peça para que o Santo Espírito as revele. Anote-as em seu caderno.

2º Pratique o perdão, pedindo e liberando (reconciliação)!

Não é possível viver uma transformação sem ter contato com a dor. É preciso confrontar a situação. A fuga pode até parecer um caminho, mas a verdade é que logo mais à frente você acabará se encontrando novamente com essa dor, e ela pode vir ainda mais forte do que antes.

- **Perdoe o próximo:** procure as três pessoas que mais magoaram você e peça-lhes perdão. Libere-as desse jugo e liberte-se também!
- **Peça perdão:** procure as três pessoas que você mais decepcionou. Seja humilde! Nunca é tarde para reconhecer os seus erros. Não perca a oportunidade de fazer isso agora. Talvez depois seja muito tarde!
- **Perdoe você mesma e "a Deus":** lembre-se, e anote, de três situações em que você ficou se acusando ou que culpou Deus por não ter atendido aos seus desejos. Aprenda com os seus erros e pare de se culpar por isso! Peça perdão por não entender os planos do Senhor para o seu futuro.

Por que três? Três é o número que remete à ressurreição. Profeticamente, você cooperará para a restauração e para a ressurreição dos seus relacionamentos pessoais e com Deus.

---

entrar em "guerra espiritual" por cada um deles. Além disso, você pode incluir também testemunhos, fotos e frases que inspiram você no seu dia a dia.

Pratique o perdão! Peça a Deus que mostre a você todos os momentos, sentimentos, pessoas e atitudes para as quais você precisa liberar perdão. A sua vida vai começar a mudar a partir de agora!

5. ORAÇÃO

"Senhor, diante de ti, desejo abrir verdadeiramente o meu coração para ser transformada! Não quero e não vou mais sofrer por guardar mágoas de pessoas e situações que me feriram no passado. Peço ao Senhor que que me ajude nesta caminhada de cura e libertação. Eu declaro, em nome de Jesus:

— Que libero perdão sobre a vida de todos aqueles que me magoaram e feriram, de todos os que me decepcionaram, me traíram e que não corresponderam às minhas expectativas [cite o nome das três pessoas que você listou anteriormente e de tantas outras quantas quiser];

— Que vou parar de me acusar e me culpar por erros do passado [cite alguns exemplos que você listou].

Eu te peço perdão, Deus, se fui egoísta e mimada, se quis que o Senhor fizesse tudo do meu jeito e no meu tempo. Eu me entrego nas tuas mãos completamente; minha vida é tua; confio na tua direção e no futuro que o Senhor planejou para mim.

Declaro que, a partir de hoje, a minha vida está liberada para viver um novo tempo de alegria e prosperidade!

Amém!"

Neste capítulo você aprendeu a...

- Praticar o perdão para liberar o passado e viver o presente em paz.
- Perdoar para encontrar perdão.
- Ressignificar, que não é o mesmo de esquecer.
- Entender melhor o verdadeiro significado do perdão para se libertar, curar e preparar para um novo tempo.
- Trilhar o caminho do perdão verdadeiro.

Sonhos

CAPÍTULO 3

Antes de iniciarmos nossa jornada sobre os sonhos, quero que você reflita um pouco sobre alguns pontos que vou compartilhar aqui. Talvez, em algum momento da sua vida (ou em vários), você tenha tentado se concentrar em uma atividade ou pensamento e surgiram várias distrações. Ou então talvez você estivesse tentando escutar uma mensagem em áudio e o barulho ao seu redor fez que você tivesse de se esforçar para tentar escutar um pouco melhor. Para se concentrar, você decidiu mudar de ambiente. Procurou um local mais tranquilo, isolado. Com os sonhos acontece algo muito parecido.

Você precisa de dois elementos importantes para ativar o poder dos sonhos na sua vida. O primeiro, e mais importante, é justamente criar o novo ambiente. Se você leu o capítulo anterior, aprendeu que a libertação pelo perdão cria o novo ambiente. Este livro foi criado em uma sequência específica por uma razão muito clara: é nessa ordem, nesses passos, que você precisa seguir a sua jornada. Por isso, o capítulo sobre perdão vem antes dos sonhos.

Sonhar, sem antes ter liberado perdão, faz que a sua mente fique cheia, confusa e pouco inspirada. O sonho precisa ser acompanhado de um desejo ardente. Um sonho é a repetição mental de algo que você deseja e busca. Sonhar é criar e também envolve a preparação e a motivação necessárias para agir.

Agora, sim, podemos continuar.

Por que o pilar dos sonhos é fundamental para a sua jornada? Porque nada do que foi inventado na humanidade seria criado se não fossem os sonhos.

Os sonhos nos levam aos lugares altos! Pense: o sonho de um homem em voar fez com que Santos Dumont criasse o avião. Mesmo que o primeiro voo dele tenha alcançado apenas de dois a três metros de altura (o que é isso comparado aos aviões modernos?), não importa. Tudo o que conhecemos hoje começou porque ele foi o primeiro e grande sonhador! O segundo voo de Dumont já alcançou seis metros de altura e provou ao mundo que um objeto mais pesado que o ar poderia voar.

Assim que nascem, os sonhos são fundamentais para a nossa jornada, pois eles nos motivam a caminhar. Qual é o motivo de nos levantarmos a cada manhã? Como eu costumo dizer todas as manhãs durante minha *live*: "Você não acordou, porque quem acorda apenas abre os olhos; na verdade, você se levantou! E para que você se levantou hoje? Eu me levantei e estou de pé para viver os meus sonhos!".

Qual será a sua resposta se eu perguntar quais são os seus sonhos? Talvez você não saiba mais me responder por que a vida adulta, com as responsabilidades que lhe são peculiares, impôs a você apenas a tarefa de sobreviver. Quando estamos na batalha do dia a dia, parece até proibido sonhar, como se fosse inapropriado para uma pessoa adulta cultivar sonhos, como se sonhar fosse apenas coisa de criança.

Na verdade é. Contudo, sonhar é uma coisa da criança que nunca pode morrer dentro de nós! Se não tivermos sonhos, não teremos verdadeiras motivações. Sem motivação não temos como alcançar a felicidade. A felicidade é alcançada por meio de fragmentos de momentos únicos que formarão as nossas melhores lembranças. Você se lembra da última vez que sonhou acordada? Ou de quando os seus sonhos se transformaram nos seus piores pesadelos? Será que tudo o que você acredita não passa de ilusão?

Lembro-me de uma situação na qual eu estava atravessando um momento muito difícil da minha vida. Eram tantas as responsabilidades e lutas que não me sobrava tempo nem forças para acreditar em algo melhor. Eu estava no que chamo de "modo de sobrevivência": Tudo o que eu conseguia era vencer um dia de cada vez, pois realmente para mim, naquele tempo, bastava a cada dia o seu mal (Mateus 6.34).

Consegui, então, tirar dois dias de folga com a minha família. Ainda éramos apenas quatro pessoas (hoje somos seis!). Para mim, estar com eles é o melhor lugar da terra! Não existe lugar melhor para eu estar do que onde a minha família está.

Nesses dois dias de refrigério, um novo sonho nasceu. Para realizar aquele sonho, eu teria que trabalhar ainda mais, ter mais uma responsabilidade, comprometer-me com novos compromissos, até mesmo financeiros. Enquanto os meus olhos brilhavam com aquele novo objetivo, a Fernanda adulta me dizia que não podemos ter tudo o que sonhamos, que eu devia me contentar com o que já tinha (e era muito!), que aquele era o caminho mais seguro a seguir.

Acontece que aquele sonho tomou o meu coração e o do Douglas, meu marido, de uma forma tão intensa, que passamos os dias seguintes em conversas e oração para saber se devíamos ou não seguir adiante. Enquanto orávamos, o meu pai me ligou e eu contei a ele o que se passava. Com sua sabedoria, ele me disse: "Filha, a vida só vale a pena ser vivida se for para lutarmos pelos nossos sonhos".

Desliguei o telefone naquele dia e fiquei refletindo na fala do meu pai. Na areia de uma praia linda, com o mar à minha frente, chorei demais, chorei muito, pois, naquele momento, percebi que havia sufocado muitos sonhos dentro de mim, que eu tinha matado muitos deles, pois me incomodavam. Os sonhos pareciam maiores que eu, por isso me desafiavam. Eles me moviam para viver algo novo e eu queria apenas me mover pelo que já tinha à mão.

Parei de chorar e decidi abraçar os meus sonhos, com todo o meu amor e as minhas forças. Foi um longo abraço! Voltei daqueles dois dias de folga com o meu marido e os meus filhos abraçando os nossos sonhos como família. Eu não conhecia, até então, o poder que aquele sonho iria produzir em mim! Aquele sonho me fez trabalhar mais, estudar mais, me esforçar mais. Afinal, agora eu tinha não só minhas obrigações a cumprir, mas também tinha um sonho para viver. Daquele dia em diante, decidi que, a cada ano, eu passaria a viver por um grande sonho!

No fim daquele ano, realizamos aquele projeto. Sempre trago essa reflexão para as pessoas que eu amo: se você viver um sonho por ano, em dez anos terá vivido dez grandes sonhos! Como será a sua vida com dez sonhos realizados daqui dez anos?

Posso garantir que ver os seus sonhos realizados será motivo de alegria. Quando os seus sonhos são afinados com os sonhos de Deus, eles abençoam você e o próximo também. Mas tenha cuidado, aqui deixo um alerta: alguns sonhos, na verdade, não são sonhos de Deus, são desejos destrutivos disfarçados de sonhos. Sonhos verdadeiros não geram destruição, mas constroem o futuro.

Reflita sobre o que acabei de mostrar e me responda: "Quais são os seus sonhos mais íntimos? Mais profundos? Aqueles que você acabou deixando de lado ao longo dos anos?". Questione-se: "O que realmente eu sonhei realizar ao longo da minha vida e não alcancei?". Terá sido fazer uma faculdade? Estudar uma língua estrangeira? Viajar para o exterior ou morar em outro país? Casar e ter filhos?

Vamos passar de nível nas perguntas: separe os sonhos que todos sabem que você tem e os sonhos que são só seus, mais íntimos (aqueles que você não tem coragem de contar a ninguém, mas que, no fundo, sabe que gostaria de ter realizado); quais deles você abandonou ao longo dos anos? Quais eram os verdadeiros sonhos de Deus para a sua vida?

Todos temos sonhos, mais simples ou mais complexos. Sonhamos com família, viagens, estudos, profissão, casamento, filhos saudáveis etc. Geralmente, quando somos crianças e adolescentes, nós nos permitimos sonhar mais, não é verdade? Os nossos olhos brilham com as possibilidades que se apresentam no nosso futuro!

Com o passar dos anos, parece que vamos perdendo a capacidade de sonhar. O que chamamos de "mundo real" atropela os nossos sonhos e desejos, trazendo-nos à realidade apenas as dificuldades da vida adulta, as lutas que devemos vencer em nosso dia a dia.

Eu não conheço os seus sonhos, mas quero que você entenda que, para Deus, não existe tempo nem prazo de validade para realizá-los. Veja o que ele diz em Joel 2.28: "E, depois disso, derramarei o meu Espírito sobre todos os povos. Os seus filhos e as suas filhas profetizarão, os velhos terão sonhos, os jovens terão visões".

E o que impede você de realizar esse sonho agora, já que não existem limites de idade quando estamos falando dos sonhos de Deus? Ele tem sonhos para nós desde que fomos formados no ventre materno, mas não podemos deixar esse sonho morrer ao longo da caminhada.

O propósito deste capítulo é fazer que você volte a sonhar! Para isso, vamos aprender um pouco mais sobre a importância e sobre a origem dos sonhos.

1. A ORIGEM DOS SONHOS:

Deus criou os sonhos; aliás, ele foi o primeiro a sonhar. Ele sonhou com a criação da terra e da humanidade e viu os sonhos dele serem realizados. Quando estudamos o livro de Gênesis, vemos que

Deus criou todas as coisas e, ao fim de cada processo, "Deus viu que ficou bom" (Gênesis 1). Ele estava enxergando aquilo que havia sonhado na criação da terra e do homem.

Depois, quando o homem já tinha sido criado, o Senhor declarou que não era bom que ele estivesse só. Então, Deus fez para ele uma companheira, a mulher. Deus sonhou com Adão e Eva, da mesma forma que ele sonhou com você e comigo. Há uma grande verdade espiritual nisso: todos nós somos fruto do sonho de Deus. Essa frase me lembra de uma música maravilhosa que marcou a minha vida, assim como de muitos na minha geração: "Gênesis". A letra foi escrita pelo meu pai certamente em um momento de muita intimidade com Deus, e gravada originalmente pelo Katsbarnea. Preste atenção nesta letra:

> *Você me pergunta quem sou*
> *Onde estou*
> *Para onde vou*
> *Sou nascido de Deus oh, oh, oh, oh,*
>
> *Estou no centro de sua vontade*
> *O vento sopra pra onde quer*
> *Assim sou eu, sou eu*
> *Assim sou eu, sou eu*
>
> *Em muitas coisas você acreditou*
> *Viveu no mundo de ilusões*
> *Depositou sua fé em homens*
> *Que não podem responder suas orações*
> *Acredite, o sol, a terra e o mar*

Foram feitos pra você, pra você
Pra você, pra você
Foram feitos pra você, pra você
Pra você, pra você

Vem sentir o poder
Vem conhecer os segredos
De quem te projetou com amor
Corpo, alma e espírito
É elo de vida com o criador

Você é fruto do sonho de Deus
De Deus, de Deus, de Deus
Você é fruto do sonho de Deus
De Deus, de Deus, de Deus

Se você não conhece essa música, faça isso. Sim, é exatamente isto: fomos projetados por Deus com amor, somos frutos dos sonhos dele! Se ninguém desejou, nem sonhou com a sua vida, não importa. O Senhor sonhou com a sua existência!

Persevere no seu sonho!

Quando vemos algumas pessoas bem-sucedidas, que admiramos, tendemos a achar que elas não tiveram tantos problemas e lutas na vida, nem obstáculos para realizar os seus sonhos. Este é um grande engano!

Pensemos em um exemplo de personalidade bem-sucedida para falar um pouco mais sobre isso: Steve Jobs, criador da Apple, empresa que revolucionou o mundo tecnológico.

Você acha que ele sempre foi bem-sucedido? Não, na verdade, ele falhou várias vezes. Steve Jobs chegou a ser expulso de sua própria empresa. Mas ele não desistiu, não se conformou. E hoje temos um legado imenso por isso. Gosto muito desta citação:

> **Cada sonho que você deixa pra trás, é um pedaço do seu futuro que deixa de existir.**
>
> Steve Jobs

Nós somos fruto do sonho de Deus, mas, para realizar os sonhos dele neste mundo, precisamos entender isso e nos reconectar com ele. Você precisa abrir o seu entendimento. A Palavra nos mostra, por exemplo, que temos a "mente de Cristo": " 'quem conheceu a mente do Senhor para que possa instruí-lo?' Nós, porém, temos a mente de Cristo" (1Coríntios 2.16).

Isso significa encarar o mundo como Jesus encarou, ter um relacionamento íntimo com Deus e tomar decisões direcionadas por essa mente revolucionária, não com base nas nossas limitações.

Vejamos outro exemplo bíblico: José, filho de Jacó. Desde muito moço, ele tinha sonhos que eram verdadeiras revelações! Ele sonhou, por exemplo, que seria elevado a um patamar superior e que seus próprios irmãos teriam que se curvar diante dele. Depois disso, José foi vendido pelos irmãos, escravizado e levado ao Egito, jogado em uma prisão por muitos anos. No entanto, justamente graças à sua capacidade de revelar sonhos, José saiu daquela situação. Ele foi levado à presença do faraó e se tornou o segundo homem mais importante do Egito. Diante de quem finalmente seus irmãos se curvaram.

José se tornou um grande exemplo daquele que descansa em Deus, que derrota todas as adversidades e vê os seus sonhos se realizarem.

Guarde bem isto no seu coração: quando acreditamos nos nossos sonhos, trazemos à existência os sonhos de Deus!

Quero que você entenda que o primeiro destino ao qual o sonho de José o levou não foi para o palácio do faraó, mas foi para o poço. Pouco depois, o destino foi a prisão. Mas Deus não tinha se enganado, ele o estava capacitando. José aprendeu muitas coisas até chegar no mais alto cargo do Egito. O jovem José não poderia governar o Egito, mas José, o homem que enfrentara tantas lutas sem esmorecer, podia. Deixe essa fé ser ativada também no seu interior.

Não esmoreça!
Deixe a fé ser ativada no seu interior.

Essa história nos ensina que, se José tivesse aceitado o fracasso, se tivesse deixado morrer todos os sonhos ou se revoltado contra Deus por ter sido escravizado ou preso, nunca teria chegado aonde chegou. Mas, porque estava conectado com o Senhor, os sonhos de Deus para a vida dele foram cumpridos.

Temos de regar os nossos sonhos com dois ingredientes fundamentais: fé e determinação. Esses ingredientes vão trazer à existência os sonhos de Deus para a sua vida. A mente de Cristo, então, abre o nosso entendimento para todas as possibilidades e nos faz ver que não há limites para os sonhos.

A visão do nosso potencial é limitada quando permitimos ser condicionados pelas dificuldades. É isso que costumamos chamar de crenças limitantes. Elas são as falsas referências que aceitamos e que não fazem parte nem determinam o nosso potencial.

Esse engano está baseado na visão de que as minhas capacidades têm origem apenas no aprendizado e que existem coisas que eu nunca poderei aprender. Deus, porém, nos capacita por meio dos nossos dons e nos impulsiona a desenvolver o nosso potencial em todas as áreas.

Você pode sonhar muito além dos seus limites, dos conceitos limitantes que recebeu ao longo da sua vida. Por isso, não desista dos seus sonhos! Não deposite os seus sonhos em formas, como se estivessem limitados por razões humanas. Ainda não ter conseguido desenvolver ou realizar algo não significa que você não pode vir a realizá-lo no futuro. Um período de dor e isolamento, como o que José passou na prisão, pode servir de base para alimentar um sonho, se você mantiver o foco na direção dos projetos do Senhor.

Quer ver um exemplo recente disso? Na quarentena que todos enfrentamos devido à pandemia por Covid-19, por exemplo, vi inúmeros casos de potenciais que foram desenvolvidos. Conheço várias histórias de pessoas que descobriram novos talentos que nem sabiam que tinham. Quantas pessoas se reinventaram, implantaram novos projetos, profissões, formas de trabalhar e de se conectar com os outros? Em meio a um período duro e de sofrimento, não deixaram de regar os seus sonhos. Romanos 12.2 diz que devemos buscar a transformação pela renovação da nossa mente, para que você possa sonhar. Quando não temos a mente renovada, no entanto, ficamos paralisados.

Eu mesma tive experiências incríveis na quarentena! Este livro, por exemplo, com o qual eu sonhava havia tempos, ganhou vida em meio à pandemia. Foi nesse período que encontrei o tempo que eu precisava para escrever e reunir aqui um pouco daquilo que eu gostaria de expressar às pessoas. Trazer experiências que transformaram a minha vida e que, tenho certeza, também transformarão a sua.

Outro projeto maravilhoso que desenvolvi e implantei em meio à pandemia foi SAGA +QV, composto por curso e mentoria, e também pelas *lives* que passei a realizar diariamente. Esse projeto enriqueceu e complementou o conteúdo deste livro. É impressionante a quantidade de testemunhos que recebi, nesse período, de pessoas impactadas pelo conteúdo das ministrações e dos estudos apresentados. Quando temos um propósito maior, não poupamos esforços para viver os nossos sonhos, não importa o que aconteça à nossa volta.

O maior sonho da minha vida era ter uma família! Sempre foi um dos meus grandes sonhos ter uma família abençoada! Quando o Douglas e eu começamos a construir a nossa família não foi nada fácil. Não era um mar de rosas, mas era o nosso sonho, e por ele lutamos todos os dias. E seguimos até hoje vivendo por ele. Desde o dia em que eu disse "sim", passaram-se vinte anos. É muito bom ver como caminhamos nessa jornada de alegrias e silêncios, de desafios, vitórias, perdas e conquistas, mas sempre com cumplicidade e amor. Foi fácil chegar até aqui? Não. Valeu a pena? Muito! Eu percorreria toda a minha jornada novamente pela minha família.

Você pode me perguntar: "Você passaria pelas dores novamente, mesmo sabendo que elas estariam no seu caminho?", ao que eu respondo: "Sim, pois elas me ensinaram a valorizar os meus dias bons, foram as minhas melhores professoras". Elas deram mais brilho ao meu sorriso, como eu costumo comentar em nossas *lives*: o meu sorriso não é ausência de problemas, mas é a gratidão do hoje, do agora, do presente.

A vida me ensinou a valorizar cada segundo vivido. Como já comentei, o meu irmão Tid, que descansa no Senhor, me deixou essa grande lição. Cada minuto que temos com quem amamos é o maior sonho que podemos viver a todo instante do nosso presente.

Pode parecer simples, mas quem disse que todo sonho precisa ser grandioso? Enquanto alguns pensavam estar derrotados durante a pandemia, outros se reinventaram e tiveram sucesso. Acredite: não existe tempo nem circunstâncias que possam limitar a sua vida, pois os sonhos de Deus para a sua vida não têm prazo de validade.

2. TEMPO PARA TODAS AS COISAS

Tudo na nossa vida acontece no tempo perfeito, em fases. Assim também podemos enxergar os nossos sonhos. Se algum sonho de Deus ainda não se realizou na sua vida, talvez o tempo dele ainda não tenha chegado. Lembre-se do que está escrito em Eclesiastes 3.1-11:

> *Para tudo* há uma ocasião certa; *há um tempo certo para cada propósito debaixo do céu.*
>
> *Tempo de nascer e tempo de morrer, tempo de plantar e tempo de arrancar o que se plantou,*
>
> *Tempo de matar e tempo de curar, tempo de derrubar e tempo de construir,*
>
> *Tempo de chorar e tempo de rir, tempo de prantear e tempo de dançar,*
>
> *Tempo de espalhar pedras e tempo de ajuntá-las, tempo de abraçar e tempo de se conter,*
>
> *Tempo de procurar e tempo de desistir, tempo de guardar e tempo de jogar fora,*
>
> *Tempo de rasgar e tempo de costurar, tempo de calar e tempo de falar,*
>
> *Tempo de amar e tempo de odiar, tempo de lutar e tempo de viver em paz.*
>
> *O que ganha o trabalhador com todo o seu esforço?*
>
> *Tenho visto o fardo que Deus impôs aos homens.*
>
> *Ele fez tudo apropriado ao seu tempo. Também pôs no coração do homem o anseio pela eternidade; mesmo assim ele não consegue compreender inteiramente o que Deus fez.*

Parece mais fácil sonhar quando tudo está bem e é muito mais complicado seguir acreditando quando o tempo passa e não vemos mudanças. Mas, como falamos anteriormente, períodos difíceis nos habilitam para viver os sonhos de forma plena.

Às vezes o que precisamos mesmo é de tempo!

Tive uma amiga que era uma excelente profissional, mas que realmente "meteu os pés pelas mãos" ao aceitar um cargo de chefia ainda muito jovem. Ela não estava emocionalmente preparada para exercer aquele cargo. Não tinha maturidade para ser uma boa gestora.

Você acha, por exemplo, que José teria sido um líder tão incrível e sábio quanto foi para o Egito se não tivesse enfrentado as lutas que enfrentou? Ou que Davi teria sido um grande rei — que aliás até hoje é considerado o maior rei da história de Israel — se tivesse se tornado rei de todo o Israel aos 17 anos, quando foi ungido? É evidente que não. Nos dois casos, houve um tempo de amadurecimento e habilitação de Deus antes dos sonhos se tornarem realidade.

O meu conselho para você é: prepare-se, não perca o foco, busque os propósitos de Deus, mas aguarde o tempo dele. Não seja ansiosa e precipitada! Aprender a esperar é uma grande virtude.

3. APRENDA A GUARDAR OS SONHOS

Sejamos sinceras: às vezes, falamos demais! Queremos contar a todos que Deus nos deu sonhos maravilhosos! O meu alerta é para você ter cuidado, pois nem sempre é prudente agir dessa forma.

José, por exemplo, gerou ódio e inveja em seus irmãos ao comentar sobre os sonhos dele antes do tempo adequado. Com o passar dos anos, ele entendeu que não devia alardear diante de todos aquilo com que sonhava, mas deveria aguardar o momento certo para falar. Foi o que aconteceu mais tarde com o copeiro e com o faraó: ele soube esperar o momento certo para declarar a explicação daquele sonho.

Guarde bem o seu tesouro.
Guarde os seus sonhos para o tempo certo.

Você não precisa contar a todos os seus sonhos! Não pense que todos à sua volta querem ver os seus sonhos realizados. Veja, não digo que você deve ter uma atitude paranoica, mas apenas que seja prudente. Fale somente com aqueles com os quais você tem uma aliança de amor e que contribuirão para que os seus sonhos se realizem.

Vejamos outro exemplo bíblico. O rei Ezequias mostrou todos os seus tesouros aos estrangeiros, e o profeta Isaías o advertiu por isso. O profeta disse que Israel perderia tudo aquilo que Ezequias tinha mostrado aos estrangeiros, e foi exatamente o que aconteceu.

Guarde bem o seu tesouro. Isso vale também para as relações familiares. Tenha calma, saiba guardar o seu tesouro e falar com sabedoria. Quando você estiver com alguém em quem realmente confia, aí sim, você pode falar sobre o seu sonho.

O ladrão vem apenas para roubar, matar e destruir (João 10.10). Muitas vezes, ele chega para destruir os sonhos! Cuidado com quem você compartilha os seus sonhos.

4. SONHOS E ILUSÕES

Existe uma grande diferença entre sonho e ilusão. Sonhos não são ilusões ou alucinações, muito menos imagens desconexas sem nenhum propósito.

Segundo o dicionário, a ilusão é "uma falta de percepção ou de entendimento que prejudica os sentidos; compreensão errada da mente"[10] e que, geralmente, tem um fundo emocional. Nem sempre vai se tratar de algo ruim; aliás, a ilusão geralmente é algo aparentemente bom. Quando alguém enxerga um oásis no deserto, por exemplo, é uma boa visão, o problema é que a visão não é verdadeira. Da mesma forma, a ilusão pode ser um desejo da sua alma, fruto de alguma carência emocional, por exemplo, mas isso não significa que venha de Deus.

A grande diferença é que os sonhos de Deus são verdadeiros, mesmo que ainda não tenham se concretizado. Vejamos o exemplo de Neemias, outro grande sonhador. Neemias era apenas um copeiro, mas ele se transformou em um grande edificador. Acontece que Neemias ouviu o relato de que os muros de Jerusalém estavam destruídos e que as portas da cidade haviam sido queimadas. Em vez de ficar desanimado pelo relato, ele vislumbrou aqueles muros restaurados e as portas da cidade bem estabelecidas. Aquele não era apenas um desejo emocional de Neemias, era um sonho de Deus; um propósito divino de restauração. Muitos se levantaram contra Neemias com a intenção de impedi-lo de realizar aquele sonho, mas não conseguiram paralisá-lo, pois ele sabia que estava no caminho certo.

Você é o canal para a realização e para a manifestação dos sonhos de Deus!

Os verdadeiros sonhos de Deus também são aqueles que rendem frutos para as próximas gerações. Lembremos do caso de Davi. Ele não pôde realizar o sonho de construir um templo para o

---

[10] Dicionário Aurélio *On-line*. Disponível em: https://www.dicio.com.br/ilusao. Acesso em: 16 maio 2021.

Senhor, mas juntou riquezas para que seu filho, Salomão, realizasse esse sonho no futuro.

Quer outro exemplo? Abraão entregou a Isaque o mapa dos poços. Este foi um legado importantíssimo para que a geração de Isaque não precisasse ir ao Egito quando chegou o tempo da fome. Abraão teve de ir ao Egito, Jacó também, mas Isaque não precisou sair da terra por causa do legado que o protegeu. Quando não há um legado de sonhos, as gerações futuras cometem os mesmos erros.

Rute também foi abençoada por um legado. No caso de Rute, o legado foi recebido por meio do casamento. Ela não abriu mão da aliança que tinha com a ex-sogra, não quis voltar atrás e viver a vida sem Deus, mesmo depois de ter perdido o marido. Rute e a sogra, Noemi, tinham uma aliança indestrutível e inabalável, que foi além dos laços familiares. Elas saíram de Moabe viúvas e em condição de extrema miséria para recomeçar em Belém, o ponto de partida.

> *Rute, porém, respondeu: "Não insistas comigo que te deixe e que não mais te acompanhe. Aonde fores irei, onde ficares ficarei! O teu povo será o meu povo e o teu Deus será o meu Deus!"* (Rute 1.16)

Mesmo com tantos cenários desfavoráveis, Rute não desistiu de seus sonhos. A jornada foi longa e trabalhosa, mas foi transformadora e vitoriosa!

Precisamos ter consciência de que cada fase da nossa vida requer uma nova versão nossa. Nada é "contra nós", mas "para nós". Nada acontece para a nossa destruição; tudo o que acontece é para a nossa evolução.

Quando pensar na questão das situações que parecem contrárias, lembre-se de que uma borboleta não pode mais ter comportamentos de lagarta. Para se transformar em borboleta, ela precisou passar por uma transformação. A lagarta entrou no casulo de uma forma e saiu de outra. Assim também será com você: se Deus pôs você nessa situação, é para que você saia muito melhor dela. Com foco, determinação e alianças com a vitória, mesmo que tudo possa parecer difícil, nada é impossível!

Rute escolheu fazer uma aliança com a vida, com Deus, com a família. Assim, ela assumiu uma nova identidade, pois dizia não ter mais para onde voltar. O único movimento que Rute podia fazer era avançar, e foi exatamente isso que ela fez. É o que o apóstolo Paulo afirma em Filipenses 3.13,14: "Irmãos, não penso que eu mesmo já o tenha alcançado, mas uma coisa faço: esquecendo-me das coisas que ficaram para trás e avançando para as que estão adiante, prossigo para o alvo, a fim de ganhar o prêmio do chamado celestial de Deus em Cristo Jesus".

Deus não concedeu a você vida para você apenas sobreviver. A sua vida foi concedida para você sonhar e realizar!

O fim daquela história foi uma tragédia? Não! Rute encontrou o seu resgatador, Boaz. Eles formaram uma linda família e entraram para a genealogia de Jesus. Por intermédio dessa obra restauradora, Noemi também foi abençoada, pois ganhou um netinho. Então, a minha mensagem para você é: não deixe de confiar, acreditar e sonhar. Continue, persevere, sonhe! Em Jesus Cristo, sempre há um caminho de restauração.

5. VAMOS PRATICAR?

MAPA DOS SONHOS

O objetivo deste exercício é encorajar você a escrever os seus sonhos de maneira positiva, considerando a realidade presente.

Comece escrevendo o seu nome no centro de uma folha com um círculo em volta. Preencha o seu mapa com setas, considerando as áreas da sua vida e liste os tópicos do que você enxerga como propósito de Deus (veja o quadro a seguir).

MAPA DOS SONHOS

SEU NOME — FAMILIAR, ESPIRITUAL, SOCIAL, FÍSICA, MENTAL, PROFISSIONAL, FINANCEIRA

Anote os sinais de Deus que você vem recebendo em direção a esses sonhos. Não se trata de uma receita milagrosa, mas de um instrumento de acompanhamento que associa a visualização ao planejamento.

Dicas preciosas:

Tenha uma grande meta por ano e empenhe-se para alcançá-la! Por quê? Para que, em dez anos, você tenha dez sonhos realizados!

Coloque em seu Caderno de Guerra (caderno de oração) o que você quer alcançar ainda este ano. Em seguida, reflita sobre quais atitudes diárias você pode ter para transformar esses sonhos em realidade.

Lembre-se de que as grandes jornadas são construídas passo a passo. Para iniciar uma grande jornada, dê o primeiro passo hoje.

Querida leitora, antes de seguirmos para o capítulo que eu considero um dos mais importantes eu quero ter certeza de que você entendeu tudo que falamos até agora: o autoconhecimento, o perdão, a importância de voltarmos a sonhar mesmo em meio a tantas desilusões. Eu quero que você esteja comigo em cada uma dessas etapas.

O próximo capítulo é um dos mais importantes da nossa jornada. Eu falo da saúde mundial, algo que sempre me preocupou e que é muito importante para todos nós. Já era importante antes da pandemia, piorou muito durante ela, e nós não sabemos realmente quão ruim essa situação estará daqui em diante, por isso vamos falar sobre a gestão emocional. No capítulo 4, falaremos um pouco sobre a sua saúde emocional e sobre como gerenciá-la.

6. ORAÇÃO

"Pai, hoje quero recomeçar a minha jornada na direção da realização dos sonhos que tu tens para a minha vida. Declaro que eu não deixarei que as circunstâncias me impeçam de perseverar para realizá-los. Peço que tu faças reviver no meu interior aqueles sonhos que eu deixei de lado, cada um daqueles que eu tinha desistido de realizar, mas que são promessas do Senhor para a minha vida! Reaviva em mim os teus sonhos! Eu declaro que sou fruto dos teus sonhos e que viverei tudo aquilo que tu projetaste para a minha vida. Em nome de Jesus! Amém!"

Neste capítulo você aprendeu a...

- Voltar a sonhar.
- Regar os sonhos com os ingredientes fundamentais para que cresçam: Fé e determinação.
- Aguardar o tempo perfeito de Deus.
- Guardar seus sonhos até que aconteçam.
- Perseverar, confiar que, mesmo em situações contrárias, Deus está no controle.

Gerenciando emoções

CAPÍTULO 4

Você sabia que o Brasil é o país mais ansioso do mundo? Segundo dados da Organização Mundial da Saúde (OMS) de 2019, cerca de 18,6 milhões de brasileiros — 9,3% da população — convivem com esse transtorno.[1] Vale ressaltar que esse levantamento foi feito antes da pandemia por Covid-19 em 2020. Ou seja, provavelmente esse percentual deve estar ainda mais elevado.

Ansiedade nada mais é do que "excesso de futuro", é quando sofremos por situações que talvez nunca cheguem a acontecer. Em algumas situações, esse quadro pode evoluir até se tornar uma doença. Isso acontece quando a ansiedade é crônica, tão intensa que a pessoa fica impossibilitada de lutar contra ela.

Nós, mulheres, somos naturalmente ansiosas, não é verdade? Temos necessidade de respostas rápidas que nem sempre aparecem. Nos dias atuais, buscamos estar sempre no controle de todas as situações, o que também não é possível.

Com a pandemia por Covid-19, a ansiedade de muitas mulheres se agravou. Tivemos de aprender a administrar uma série de situações inéditas ao mesmo tempo, pois a nossa rotina foi drasticamente alterada. Parte da nossa renda foi comprometida, e o ambiente de casa precisou ser adaptado para comportar uma estrutura de trabalho e de ensino.

O isolamento social nos deixou mais inquietas e preocupadas, principalmente em relação ao futuro. Muitas incertezas! Muitas passaram a ter uma convivência mais intensa com suas famílias, nem sempre em um ambiente favorável. Infelizmente, o número de divórcios aumentou muito nesse período. Para se ter uma ideia, o número de divórcios realizados em cartórios no Brasil foi o maior

---

[1] Disponível (em inglês) em: <9789275120286_eng.pdf (paho.org)>. Acesso em: 5 maio 2021.

da história no segundo semestre de 2020, contabilizando 43,8 mil processos, segundo levantamento do Colégio Notarial do Brasil — Conselho Federal (CNB/CF).

Tudo funcionou como uma verdadeira panela de pressão sem válvula de escape. Foi como se o que estava prestes a explodir a qualquer momento de fato explodiu! O período de isolamento social intensificou em cada um de nós aquilo que temos de melhor e de pior. Tudo amplificado pela incerteza e pelas ameaças nos noticiários diários.

O que será de nós depois disso tudo? Como lidar com tantas situações? Precisamos aprender a gerir as nossas emoções! Para lidarmos com tantas situações adversas e repentinas, é indispensável desenvolvermos uma gestão emocional, para não cairmos na "zona do desespero".

Por exemplo, quando somos levados por uma correnteza, qual é a primeira coisa que precisamos fazer? O que menos imaginamos: devemos boiar. Qual é a nossa tendência? Começar a nos debater, gritar e tentar nadar contra a correnteza. Em situações de afogamento, esse é o tipo de atitude que leva à morte. Aumentamos a adrenalina, desperdiçamos energia e engolimos água, diminuindo as chances de sobrevivência. Se conseguirmos manter a calma e boiar, teremos chance de esperar por ajuda e sobreviver.

Mas como conseguimos alcançar esse equilíbrio quando tudo parece sem controle? Preservando a nossa fé, que é o elemento que transforma o tormento em paz, o desespero em esperança.

Volto a lembrar: Deus age em todas as coisas para o bem daqueles que o amam.[2] Precisamos ter consciência de que, assim

---

[2] Romanos 8.28.

como ocorre em cada lar, podemos saber o que entra e o que sai da nossa vida.

Quais são as janelas e as portas da alma? Os nossos sentidos. De acordo com estudo do Instituto brasileiro de Neuromarketing e Neurociência (IBN), divulgado em janeiro de 2020, as informações que absorvemos têm a seguinte origem: 83% da visão; 11% da audição; 3,5% do olfato; 1,5% do tato e 1% do paladar.[3] Precisamos, portanto, desenvolver um sistema eficiente de limpeza, de purificação e de seleção do que vamos absorver na mente, que é o centro de controle das nossas emoções.

É o que chamamos atualmente de "mindset", inspirado no termo "metanoia" que significa: "transformação essencial de pensamento ou de caráter". *Mindset* é uma palavra em inglês que vem do termo "mind" (mente), e "set", que pode ter várias traduções, mas a que mais se encaixa nesse contexto é "configuração". Ou seja, *mindset* é uma espécie de "configuração da mente". Na prática, essa é a maneira segundo a qual você organiza seus pensamentos e administra as situações do dia a dia. Quando dizemos que precisamos mudar de *mindset*, estamos dizendo que precisamos reconfigurar os pensamentos.

O apóstolo Paulo, em Romanos 12.2, fala da importância desse processo de renovação de entendimento: "Não se amoldem ao padrão deste mundo, mas transformem-se pela renovação da sua mente, para que sejam capazes de experimentar e comprovar a boa, agradável e perfeita vontade de Deus".

A mente e o coração são um campo fértil. Cabe a cada um de nós escolher quais palavras e sentimentos vão frutificar. Como mencionei, você não pode impedir que alguém a rejeite, mas pode escolher se sentir ou não rejeitada.

---

[3] Disponível em: <https://www.300inteligencia.com.br/post/neuromarketing-o-poder-dos-5-sentidos>. Acesso em: 16 maio 2021.

O mesmo também ocorre com os nossos desejos, eles são contra nós, mas cumpre a nós dominá-los:

> *Se você fizer o bem, não será aceito? Mas, se não o fizer, saiba que o pecado o ameaça* à porta; *ele deseja conquistá-lo, mas você deve dominá-lo* (Gênesis 4.7).

1. COMO GERENCIAR A ANSIEDADE

Veremos alguns pontos fundamentais para que você aprenda a gerenciar esse turbilhão de emoções que, muitas vezes, leva você a ter crises de ansiedade.

1º) Dê ouvidos às vozes certas e domine as suas reações

Quanta bobagem vemos por aí, não é verdade? Quantas informações falsas são transmitidas levianamente pelas redes sociais. Antes de espalhar ou assumir qualquer informação como verdade, verifique a fonte. De onde vem essa informação? Às vezes, você vê uma publicação na internet e já sai reproduzindo! Você nem sabe se aquilo é uma *fake news* ou se é verdade. Esse tipo de propagação de informação falsa cresceu durante a pandemia por Covid-19. Recebemos uma enxurrada de teorias sobre a doença, muitas infelizmente sem nenhuma base científica.

Uma pesquisa realizada pelo Centro de Inovação em Governança Internacional — órgão não governamental sediado no Canadá que conta com a participação de 25 países em 2019 — apontou que 86% dos internautas acreditam em *fake news*.[4] Outro dado

---

[4] Disponível em: https://www.kaspersky.com.br/about/press-releases/2020_62-dos-brasileiros-nao-sabem-reconhecer-uma-noticia-falsa. Acesso em: 16 maio 2021.

impressionante: 62% dos brasileiros não sabem distinguir uma notícia falsa de uma verdadeira segundo o estudo "Iceberg Digital", produzido em 2020 pela empresa de cibersegurança Kaspersky.[5]

Você não precisa fazer parte dessas estatísticas. É importante desenvolver senso crítico e sempre avaliar mais de uma fonte de informação. Desse modo, você poderá comparar os fatos e decidir qual verdade, ou aspectos de uma verdade, tem mais conexão com o que você acredita e assim ter uma opinião. Precisamos, inclusive, ouvir opiniões contrárias às nossas! Somente dessa forma poderemos desenvolver senso crítico.

Quais são as vozes que você tem ouvido? Precisamos escolher qual voz conduzirá as nossas decisões e atitudes.

Outro ponto importante é aprender a dominar as reações. Minha avó costumava dizer: "tenha garganta de girafa". Ou seja: pense antes de responder, não dê a primeira resposta atravessada que vem à sua cabeça!

No silêncio, até o tolo se passa por sábio. O silêncio é muito importante na gestão emocional. Muitas vezes, vale muito mais ficar calado e esperar o momento certo para responder, evitando conflitos. Assim, você ganha tempo para escolher as melhores palavras e formular a melhor resposta.

Você sabe como um cavalo é controlado? Pela boca. Um animal tão forte como o cavalo é controlado pela boca. Ali está toda a sensibilidade dele, se você puxar as rédeas para a direita ou esquerda, ele seguirá seu comando. Assim também é a nossa vida, existem muitas complicações que podemos evitar se aprendermos a "frear" a nossa boca.

---

[5] Disponível em: https://www.kaspersky.com.br/blog/digital-iceberg/13996/. Acesso em: 12 abr. 2021.

Precisamos ser éticos e responsáveis. Sempre que estamos prestes a ultrapassar a linha da confiança precisamos parar e refletir. Sabemos o que é certo e errado, sabemos que os segredos e as confidências de um amigo devem ser preservados sempre! Se você tiver que pedir a alguém que não conte a mais ninguém o que está prestes a dizer, pense duas vezes. Será que essa informação deve ser levada adiante?

Existe um conto muito bom sobre como escolher as palavras; chama-se "Conto das 3 peneiras".[6]

> Um rapaz procurou um sábio e disse-lhe que precisava contar algo sobre alguém. O sábio ergueu os olhos do livro que estava lendo e perguntou:
>
> — O que você vai me contar já passou pelas três peneiras?
>
> — Três peneiras? — indagou o rapaz.
>
> — Sim! A primeira peneira é a **VERDADE**. O que você quer me contar dos outros é um fato? Caso tenha ouvido falar, a coisa deve morrer aqui mesmo.
>
> Suponhamos que seja verdade. Deve, então, passar pela segunda peneira: a **BONDADE**. O que você vai contar é uma coisa boa? Ajuda a construir ou destruir o caminho ou a fama do próximo?
>
> Se o que você quer contar é verdade e é algo bom, deverá passar ainda pela terceira peneira: a **NECESSIDADE**. Convém contar? Resolve alguma coisa? Ajuda a comunidade? Pode melhorar o planeta?
>
> Se passou pelas três peneiras, conte! Tanto eu, como você e seu irmão iremos nos beneficiar. Caso contrário, esqueça e enterre tudo. Será uma fofoca a menos para envenenar o ambiente e fomentar a discórdia entre os irmãos.

---

[6] Conto atribuído ao filósofo grego Sócrates.

Na nossa casa, aprendi com o meu pai e com o meu marido a não comentar nada que não seja produtivo. Nada que não edifique. A pergunta que você deve passar a fazer é: essa informação edifica? Qual é a minha motivação em compartilhá-la? Se você responder às três perguntas desse conto, com certeza tomará decisões mais sábias.

2º) Aprenda a fazer uma leitura positiva dos fatos

Tenha bons olhos! Assim, você cultivará bons sentimentos e consequentemente terá boas reações e atitudes.

Desenvolva a empatia, a sororidade, ponha-se no lugar do outro.

Precisamos entender que situações ruins também cooperam para a nossa formação e aprendizado. Existem pessoas que conseguem transformar todas as coisas da vida em fardos pesados a serem carregados. Não precisa ser assim.

Você está enfrentando uma situação difícil e desafiadora? Pense: o que posso aprender com o que vivo hoje? Como posso sair desta situação e me tornar uma pessoa melhor?

3º) Saiba exercer o poder da Palavra

Princípio básico ensinado por Salomão, um dos reis mais sábios da humanidade, em Provérbios 18.21: "A língua tem poder sobre a vida e sobre a morte; os que gostam de usá-la comerão do seu fruto."

No filme *A dama de ferro*, que narra a trajetória de Margaret Thatcher, a primeira mulher da história da Inglaterra a ocupar o cargo de primeira-ministra, a personagem cita um texto que exemplifica perfeitamente o conceito que quero transmitir:

"Cuidado com seus pensamentos, pois eles se tornam palavras. Cuidado com suas palavras, pois elas se tornam ações. Cuidado com suas ações, pois elas se tornam hábitos. Cuidado com seus hábitos, pois eles se tornam o seu caráter. E cuidado com seu caráter, pois ele se torna o seu destino".

Escolha bem as palavras, o que vai dizer, a hora que vai dizer e se realmente deve falar. Palavras usadas indevidamente causam grandes danos! Isso foi perfeitamente descrito em Tiago 3.5: "Semelhantemente, a língua é um pequeno órgão do corpo, mas se vangloria de grandes coisas. Vejam como um grande bosque é incendiado por uma simples fagulha."

Quantos incêndios começam com uma pequena faísca? Assim também são as palavras! Quando você solta uma palavra errada na hora errada, pode causar uma grande destruição.

Pense no que vai falar: Edifica? Constrói algo? Se não vai ajudar ninguém, nem será positivo para mim, não tem motivo para ser dito.

4º) Desenvolva o poder da resistência para não ser abalada pelas tempestades

Não podemos deixar de mencionar que a mente, o corpo e a alma precisam estar sujeitos ao espírito. Se o espírito está atormentado, a pessoa nunca está bem. Já viu uma pessoa atormentada? É triste. Está em um estado de espírito comprometido.

Quando desenvolvemos resistência — e resiliência — geramos os frutos do Santo Espírito, como está em Gálatas 5.22 e 23: "Mas o fruto do Espírito é amor, alegria, paz, paciência, amabilidade, bondade, fidelidade, mansidão e domínio próprio".

E quando a pressão estiver muito grande?

Pressão é o ato ou o efeito de pressionar, comprimir, apertar.[7] É uma força exercida por algo que se expande, como, por exemplo,

---

[7] Dicionário Eletrônico Houaiss.

o líquido, em todas as direções. Na física, a pressão consiste na força a que um objeto está sujeito dividida pela área da superfície sobre a qual a força incide.

Qual é a força que está agindo sobre você? Que espaço você está dando para ela agir?

Eis uma dica valiosa: pratique a lei dos 20 minutos. Saia de cena por 20 minutos, é o tempo para diminuir a adrenalina e, assim, você poderá expressar o seu descontentamento por meio de uma conversa produtiva.

Faço isso, por exemplo, quando recebo um *e-mail* que me deixa irritada. Não respondo imediatamente. Espero uns minutos. Respiro... Certamente a minha resposta será mais sábia depois do que se eu tivesse respondido imediatamente.

Não dá para ser uma pessoa incontrolável, que nunca sabe qual reação terá diante de determinada situação. Você não pode ser um trem desgovernado, mas precisa saber quais situações deixam você vulnerável, quais a sensibilizam e quais ações provocam em você fortes reações. Aprenda a "treinar" os sentimentos e as reações por meio de exercícios, como alguns propostos neste livro, para saber como reagir e não permitir que as suas reações peguem você de surpresa.

Pensemos em como podemos evitar sermos esmagadas pelo impacto da pressão.

— Diminuindo o impacto do ataque

Existem muitas situações que são verdadeiras tempestades — vêm do nada —, diante das quais o nosso barco não terá estrutura para enfrentá-las. Nesses momentos, a tendência é descontarmos a nossa insatisfação nos outros. E é assim que muitos casamentos naufragam, como temos visto. Precisamos sair do campo da emoção e da confusão e irmos para o campo da razão e do gerenciamento de crise, ou seja: pensar antes de sentir, em vez de sentir antes de pensar. Assim mantemos o foco na solução, não no problema.

— Aumentando a superfície, ou seja, a área

Antes de desfalecer diante das dificuldades, lembre-se de que a necessidade ativa a criatividade, e a criatividade abre caminhos.

Como aplicar esse princípio, por exemplo, no ambiente de trabalho?

Se você acha que não dará conta de entregar todos os projetos solicitados, há muitas alternativas, mas desistir não pode ser uma delas. Você pode aumentar seu tempo de dedicação a eles. Sim, se precisar, faça hora extra. Pode pedir ajuda a outros colegas. Ou, em último caso, solicitar um prazo maior.

Revise as suas prioridades, busque negociar prazos se necessário, trabalhe sempre em equipe e peça ajuda se precisar. É muito pior você fracassar sozinho por não pedir apoio para realizar uma tarefa em que está tendo dificuldades.

Seja qual for o seu problema, Deus pode ajudar você a encontrar uma saída.
Ele é o melhor conselheiro em todas as situações!

Se você está atolada em dívidas, não deixe a bomba explodir; renegocie. Reduza as despesas fixas e variáveis. Mude de padrão de vida, ou, então, busque uma fonte de renda extra.

Faça substituições. Por exemplo: se ir ao cabeleireiro é algo importante para o seu padrão de vida, então reduza a quantidade de idas ao salão. Vá uma vez por mês em vez de toda semana. Se jantar fora com a família é importante, então corte outros gastos supérfluos, reduza o gasto de produtos supérfluos no supermercado e leve a sua família para jantar fora.

Um dos aprendizados no momento de pandemia foi que não precisamos de muito para viver bem. Conseguimos viver bem com menos, aprendemos a dar mais valor às pequenas conquistas. Seja qual for o seu problema, Deus pode ajudar você a encontrar uma saída. Ele é o melhor conselheiro em todas as situações!

Algumas verdades para você guardar no coração:

— **Em Cristo, nós encontramos um renovo de força.**

Veja o que diz o Evangelho de Mateus 11.28 a 30: "Venham a mim, todos os que estão cansados e sobrecarregados, e eu darei descanso a vocês. Tomem sobre vocês o meu jugo e aprendam de mim, pois sou manso e humilde de coração, e vocês encontrarão descanso para as suas almas. Pois o meu jugo é suave e o meu fardo é leve."

— **Por mais difícil que pareça, tudo coopera para o nosso bem.**

É o que eu chamo de "Efeito Diamante".

Você sabia que o carvão possui como principal composto o carbono, que também é a matéria-prima do diamante? Como podem ser tão iguais e apresentarem formas tão diferentes? E possuírem valores tão distintos?

Geólogos acreditam que todos os diamantes se formaram no manto terrestre e ascenderam à superfície por meio de erupções vulcânicas. Eles foram formados sob enorme pressão e temperatura, aproximadamente a 160 km abaixo da superfície. Nessa região do manto, a temperatura é de cerca de 1050 °C.[8] Ou seja, em meio a uma grande pressão, nasce um diamante.

Tudo o que você enfrentou só elevou o seu valor e tornou você mais forte e resistente!

Para finalizar, vale reforçar alguns pontos superimportantes no gerenciamento das emoções:

— **Mantenha os ambientes organizados.**

Organize o dia na noite anterior, assim você acorda com a mente focada. Organize a semana e estabeleça algumas metas, por exemplo: nesta semana vou praticar exercícios pelo menos três vezes, orar todos os dias, ler um salmo por dia, arrumar o armário e comprar alimentos mais saudáveis.

— **Pratique exercícios físicos.**

— **Tenha uma alimentação mais saudável.**

— **Pratique a oração.**

— **Cultive relacionamentos saudáveis.**

2. A AUTOESTIMA É ESSENCIAL

Se você chegou até aqui, aprendeu que, ao se conhecer e gerenciar melhor as emoções, a sua autoestima é restaurada mudando a maneira de se ver e de tratar você mesma.

A melhor decisão que você pode tomar é aprender a gostar de você mesma.

Autoestima, de acordo com o dicionário Michaelis, significa: sentimento de satisfação e contentamento pessoal que experimenta o indivíduo que conhece suas reais qualidades, habilidades e potencialidades positivas e que, portanto, está consciente de seu valor, sente-se seguro com seu modo de ser e confiante em seu desempenho.

---

[8] Disponível em https://www.ofitexto.com.br/comunitexto/como-se-formam-os--diamantes/. Acesso em: 16 maio 2021.

O termo é originado da junção de duas palavras: *autós*, que, no grego, significa "a si mesmo", e *aestimare*, que, no latim, significa *valorizar* ou *apreciar*. Ou seja, ter autoestima significa mais do que gostar de sua aparência física, é mais do que se olhar no espelho e pensar "fiquei linda com essa roupa!".

Ter uma autoestima bem resolvida é:

→ Acreditar que você é capaz de realizar os seus sonhos.
→ Sentir-se bem com você mesma.
→ Ter convicção de quem você é.
→ Ter amor próprio e considerar a própria companhia agradável.

Como você se sente em relação a esses pontos? Seja sincera.

Se você não tem certeza de nenhum deles, então você deve procurar ajuda e dar passos para o seu crescimento.

3. CONSTRUÇÃO DA AUTOESTIMA

Por que é tão difícil construir a nossa autoestima?

Vivemos em uma época em que somos bombardeadas por informações 24 horas por dia. Uma pesquisa da Universidade de Berna,[9] na Suíça, concluiu que o ser humano tem a capacidade máxima de ler 350 páginas por dia. Mas a quantidade de informação que recebemos diariamente por meio da internet, WhatsApp, televisão e redes sociais é muito maior. Ela chega, em média, a 7.355 gigabites diários, o que vale por bilhões de livros.

Todo esse bombardeio de informações influencia a nossa autoestima, porque, aliados às informações, vêm os padrões preestabelecidos pela sociedade — de beleza e de comportamento, principalmente.

A marca de produtos de beleza Dove fez uma pesquisa global muito interessante sobre beleza da mulher e a relação com a autoestima.

---

[9] Disponível em https://exame.com/casual/exposicao-mostra-que-informacao--demais-pode-provocar-doencas-3. Acesso em: 16 maio 2021.

O estudo ressalta que boa parte das mulheres não se considera bonita e que a pressão autoimposta por elas em relação aos padrões de beleza aumenta à medida que a confiança corporal diminui. Não precisamos ter um único padrão de beleza. Não importa se você é baixa, alta, magra, gorda, loira, morena ou ruiva — o que importa é se você se sente bonita!

Veja que interessantes algumas conclusões do estudo chamado "The Real Truth About Beauty"[10] ("A real verdade sobre a beleza"):

- Apenas 4% das mulheres de todo o mundo se consideram bonitas;
- Apenas 11% das mulheres no mundo se sentem confortáveis quando se descrevem como "bonitas";
- 72% das mulheres sentem uma pressão enorme para serem bonitas;
- 80% das mulheres concordam que toda mulher tem algo bonito em si; no entanto, não reconhecem a sua própria beleza;
- Mais da metade das mulheres no mundo (54%) concorda que são elas mesmas quem mais criticam a própria aparência.

A marca Dove já fez diversas campanhas abordando o tema da autoestima. Uma das campanhas colocou em duas portas de entrada em alguns prédios uma placa com a palavra "bonita" e outra com a palavra "comum". É impressionante assistir ao vídeo e constatar que a maior parte das mulheres evita entrar pela porta que indica "bonita", escolhendo quase que automaticamente a porta "comum".

---

[10] Disponível em: https://www.dove.com/br/historias-Dove/sobre-Dove/our-research.html. Acesso em: 12 abr. 2021.

O único padrão que precisa seguir é o de ser feliz com você mesma!

Somos bombardeadas por padrões que devemos seguir, quer estéticos, quer comportamentais ou profissionais. A todo momento alguém dita regras de como devemos ser — vestir, andar, falar — e, ao acreditar que precisamos segui-las a todo custo, acabamos frustradas por não poder atingir os padrões impostos.

É por isso que iniciamos a saga pelo autoconhecimento, pois para resgatar a sua autoestima você precisa se conhecer. Ao se conhecer, você percebe que pode ser autêntica. O único padrão que precisa seguir é o de ser feliz com você mesma!

4. SINAIS DE BAIXA AUTOESTIMA

Vejamos algumas características da baixa autoestima para que você possa identificá-las no seu dia a dia e aprender a superá-las.

— Insegurança

Sabe quando você veste uma roupa que incomoda e passa o dia inteiro se sentindo desconfortável e insatisfeita? A insegurança funciona assim: você sempre está se sentindo incomodada com alguma coisa, está sempre com a sensação de que algo está faltando.

No que diz respeito à aparência, pode ser porque você se acha magra ou gorda demais, muito baixa ou muito alta. Nos relacionamentos, talvez você não se sinta à altura do marido ou do namorado e se torna ciumenta demais. No trabalho, acha que estão sempre conspirando contra você. É aquela que vive sempre no 8 ou 80.

Insegurança é esse sentimento de mal-estar geralmente desencadeado por uma percepção vulnerável e equivocada de você mesma. É um senso de incapacidade ou instabilidade que ameaça a nossa autoimagem e nos impede de avançar. Quando você tem a autoimagem resolvida, tudo fica mais fácil.

— Consumo excessivo

Com certeza você já se deparou com essa cena em algum filme: a mocinha acabou de terminar o relacionamento e está sofrendo, então uma amiga chega e diz: "Vamos fazer compras que você vai se sentir melhor!" ou "Vamos tomar um pote inteiro de sorvete de chocolate?".

Quantas vezes já fizemos isso? Existe um paralelo perigoso entre o consumo excessivo e a baixa autoestima. Pessoas com problemas de autoestima tendem a comprar e comer em excesso na tentativa de suprir o que está faltando emocionalmente.

Nesse caso, as compras ou a comida são formas de alcançar uma sensação de felicidade imediata. Comprar e comer vira uma compensação, uma forma de gerar conforto emocional. No caso da comida, isso ganhou até nome: "comfort food" (que podemos traduzir por "comida de conforto", mais conhecida como comida agradável de comer elaborada com produtos de alta qualidade). O grande problema é quando esse comportamento se torna repetitivo: tudo vira desculpa para comprar e para comer.

— Dificuldade de se impor

Você tem dificuldades de se impor, de dar a sua opinião, de se posicionar? É aquela pessoa que não consegue falar não? Aceita tarefas no trabalho que são impossíveis de serem feitas; ou se cala e aceita quando o marido faz algo que você não gosta no casamento?

A baixa autoestima faz com que a pessoa se sinta vulnerável e inferior às outras, o que gera uma grande dificuldade na hora de se posicionar e expressar sua opinião e desejos perante outras pessoas.

Outro comportamento comum é a pessoa que não tem opinião própria. Ela concorda e age de acordo com as pessoas com quem anda.

Isso é fruto da insegurança e da baixa autoestima e também é resultado da dificuldade em expor seu ponto de vista.

5. ABIGAIL: UMA MULHER COM AUTOESTIMA BEM RESOLVIDA

Para ajudar você a entender melhor que a autoestima bem resolvida é um fator decisivo para a vida, desejo falar sobre Abigail. Ela é uma das mulheres da Bíblia que mais admiro e que me ajudou muito a ter a autoestima no lugar.

Antes de se tornar esposa de Davi, Abigail era casada com Nabal. A Bíblia nos conta que ele era um homem muito rico, mas rude, impiedoso e inconsequente. Curiosamente, o nome Nabal no hebraico significa "louco". Ele era a verdadeira personificação da loucura!

Ao conviver com um homem como este, podemos supor que Abigail não era valorizada e que, por isso, poderia facilmente ter desenvolvido complexos e baixa, autoestima. A Bíblia, no entanto, a descreve como uma mulher inteligente e bonita.

> *O nome de sua mulher era Abigail, mulher inteligente e bonita.* (1Samuel 25.3)

Ela poderia ter acreditado que aquela seria sua vida para sempre e que o marido nunca iria mudar. Por que uma mulher bonita e inteligente deveria viver ao lado de alguém que não a valorizava? Vamos pensar... O que teria acontecido se ela tivesse acreditado nisso? Será que teria vivido todas as bênçãos que viveu?

Abigail sabia de duas coisas muito importantes com as quais desejo que você saia desta jornada sabendo também:

- → Ela sabia quem era (autoconhecimento)
- → Ela sabia qual o era seu valor (autoestima)

Por isso, tratamos desses dois pontos em detalhes até aqui.

Mesmo em um ambiente de sofrimento no qual não era valorizada, Abigail soube se manter firme em seus propósitos e naquilo que acreditava ser o caminho certo. Quando precisou, ela se impôs e defendeu sua casa.

Abigail foi uma mulher decisiva ao impedir que Davi e seus homens atacassem e matassem Nabal por sua insensatez, pois ele havia negado dar qualquer tipo de ajuda a Davi e a seus homens, ofendendo-os. Cheia de coragem, Abigail saiu ao encontro de Davi e de seus homens, pedindo perdão e misericórdia pela sua vida e a do seu marido. Ela enviou à sua frente muitos presentes e alimentos e, quando chegou na presença de Davi, soube ser ousada e humilde ao mesmo tempo. A sabedoria dela foi tamanha que recebeu seu reconhecimento (1Samuel 25.18-32).

Abigail agiu da forma que sabia que era a correta, sem se importar com as opiniões e com as consequências de suas atitudes. As ações e o posicionamento dela renderam-lhe frutos: Davi reconheceu nela uma mulher de grande valor e casou-se com ela após a morte de Nabal.

Davi viu nela muito mais do que uma mulher bonita, viu uma mulher bem resolvida, que soube se manter firme diante da adversidade e que seria uma ótima esposa e companheira para um líder como ele.

Davi viu nela uma mulher sábia, que soube dar bons conselhos quando ele estava furioso. Ela teve uma palavra sensata, pedindo-lhes que não derramasse sangue desnecessariamente. Davi estava prestes a destruir Nabal e tudo o que ele tinha, mas refletiu e acalmou seu coração.

Eu realmente admiro como ela soube se comportar, com o marido louco, diante de um guerreiro furioso, com servos assustados, com homens famintos... Em meio a todos eles, havia ali uma mulher sábia, que poupou a sua própria vida e a de todos.

> **Quando temos a autoestima em ordem,
> somos reflexos das nossas verdades interiores.
> Não se deixe abater; continue acreditando
> em você mesma e em Deus.**

Agora você deve estar pensando: "Mas eu não sou assim, não chego nem aos pés dessa mulher!". Eu digo a você que é aí que você se engana! Abigail não é diferente de você nem de mim. Todas nós já passamos por adversidades, todas já nos vimos em ambientes ou relacionamentos que não nos valorizavam, todas já sentimos que merecíamos mais.

A única coisa que nos difere de Abigail é que diante de tudo isso ela não se deixou abater, mas seguiu adiante e continuou acreditando em si mesma e no Deus em que cria.

O que eu desejo é ajudar você a resgatar a sua autoestima, a consciência de quem você é e do que é capaz de realizar.

Não perca a sua identidade +QV por causa dos loucos que estão ao seu redor. Quando temos a autoestima em ordem, somos reflexos das nossas verdades interiores. Não se deixe abater; continue acreditando em você mesma e em Deus.

Pensemos agora em como podemos mudar.

6. COMO RECUPERAR A SUA AUTOESTIMA?

Quebrando primeiramente duas crenças limitantes:

— **Se eu não me encaixo em determinados padrões, eu não tenho valor!**

Aqui, podemos citar o exemplo de Lia, primeira esposa de Jacó. Ela não era bonita nem foi a escolhida por ele. Mas, diferentemente de Raquel, ela foi a que deu mais filhos a ele — sete, no total.

Lia soube ocupar seu lugar. A partir dela, foram formadas seis das 12 tribos de Israel: Judá, Rubem, Levi, Issacar, Simeão e Zebulom. De Judá, veio Davi, o maior rei de Israel, e Jesus Cristo, o nosso Senhor e Salvador.[11]

A história de Lia nos mostra que não importa se não nos encaixamos nos padrões deste mundo; o que importa é nos encaixarmos nos planos de Deus. Por isso, ocupe plenamente o lugar que você conquistou!

— **A minha origem é determinante para o sucesso!**

Não importa se a sua origem é humilde, se você foi ou não rejeitada pelos seus pais ou se você não teve acesso às melhores escolas e faculdades. Tudo o que você precisa para crescer e se desenvolver Deus já colocou dentro de você. Aliás, as maiores fortunas do mundo hoje não saíram das universidades.

Rute, por exemplo, era moabita, de um povo originado de uma relação incestuosa, ou seja, amaldiçoado. Foi para Belém com a sogra —, ou seja, eram duas viúvas e em uma condição de extrema miséria.

Enquanto estava "mendigando", pois se alimentava dos restos das colheitas, foi observada e admirada por um dos homens mais poderosos do local: Boaz, que se casou com ela. Ele não estava preocupado com a origem de Rute, mas com seus valores morais e espirituais. Os dois vieram a ser bisavós de Davi e também entraram para a genealogia de Jesus.

Não importa de onde você veio, mas para onde você vai!

A autoestima é construída ao longo da nossa infância e adolescência, mas é possível recuperá-la em qualquer momento da nossa vida.

---

[11] *Gênesis 29 e 30.*

Como comentei, costumo acompanhar muitas mulheres. É muito gratificante quando elas começam a se autoconhecer e descobrir a força que têm dentro de si mesmas. Ao longo do processo, elas se transformam, enxergando que são capazes de alcançar seus objetivos.

Agora que você já conhece os seus pontos fortes e os fracos é muito mais fácil seguir em frente, porque a recuperação da sua autoestima envolve principalmente assumir posturas diferentes diante das situações que enfrentará no seu dia a dia.

Para finalizar, seguem algumas atitudes importantes para você começar a exercitar a recuperação da sua autoestima:

— **Tenha expectativas reais.**

Enquanto você traçar expectativas que não condizem com a sua realidade, você sempre se sentirá frustrada por não conseguir cumpri-las, o que impacta negativamente a sua autoestima. Comece hoje a ter expectativas reais e traçar metas que você sabe que conseguirá cumprir dentro da sua realidade.

— **Pare de se comparar.**

Se existe uma coisa que pode destruir você é a comparação. Deus nos deu um superpoder. Sabe qual é? O de ser única! Eu não sou igual à minha mãe, nem a minha filha será exatamente igual a mim. A população do planeta hoje é de aproximadamente 7,5 bilhões de pessoas. Já pensou se todas essas pessoas fossem iguais? Não teríamos nem metade da riqueza de cultura e conhecimento que temos!

Então, por que você fica se comparando com outras pessoas e se sentindo inferior por não ser como elas?

**Busque se parecer a cada dia mais com Jesus.
Ele é o nosso maior exemplo!**

É lógico que devemos ter inspirações, mentores, pessoas que admiramos e desejamos seguir e aprender com elas, mas nunca devemos desejar ser iguais a uma ou outra pessoa. Somos únicas, temos um lugar reservado para cada uma de nós, somos amadas por Deus individualmente. Temos a nossa própria história e Deus nos chama justamente porque nos conhece desde o ventre materno, com os nossos defeitos e qualidades individuais.

Busque se parecer a cada dia mais com Jesus. Ele é o nosso maior exemplo! Sempre podemos melhorar, nos aperfeiçoar e crescer, mas precisamos entender que a nossa história deve nos diferenciar e nos fazer avançar e não nos paralisar ou diminuir. Não se culpe nem se compare com outras pessoas; em vez disso, aprenda e avance em direção àquilo que Deus tem especialmente para você.

Aprenda a respeitar a sua história, pois ela deve habilitá-la para as suas futuras vitórias!

— **Invista em você.**

O que você já fez por você neste ano? Procure dedicar tempo a si mesma e fazer coisas por você que tenham impacto na construção da sua autoestima. Atividade física é muito importante. Você não precisa praticar um exercício com o único objetivo de emagrecer. Você pode fazer uma atividade porque isso fará bem para o seu corpo e para a sua mente e, assim, estará cuidando de você mesma!

Estude. Faça um curso, uma mentoria. Leia, busque conhecimento. Existem inúmeros cursos *on-line* gratuitos muito bons! Para tudo você pode adquirir técnica e ser melhor do que você é hoje.

Descubra as coisas que você gosta de fazer por você em várias áreas, nos âmbitos físico, mental e profissional, e comece a executá-las!

7. VAMOS PRATICAR?

— **Check-up geral**

É necessário investir em você mesma e fazer algo pensando no seu próprio bem-estar para recuperar a sua autoestima. Por isso, a primeira tarefa é marcar uma consulta médica e realizar um *check-up* geral.

— **Gentileza própria**

Já percebeu que quando falamos de outras pessoas tendemos a ser mais gentis do que quando falamos sobre nós mesmas? Nesta jornada, vamos romper esse padrão!

Vamos exercitar?

- Olhe-se no espelho por um minuto e depois anote no mínimo três coisas das quais você gosta no seu próprio reflexo!
- Escreva uma carta de amor para você mesma! Autoestima está relacionada com amor-próprio. Quando não nos amamos, somos incapazes de amar corretamente o outro. Por isso, escreva uma carta de amor para você, coloque nela as coisas que mais ama em si mesma, por que você se admira, parabenize-se pelas suas conquistas e se incentive a buscar próximos desafios.

8. ORAÇÃO

"Senhor, eu quero aprender a gerenciar as minhas emoções. Não quero mais ser levada pelas circunstâncias, pela ansiedade e por um turbilhao de emoções! Eu quero me conhecer melhor e mudar, desejo ter mais autoconfiança e melhorar a minha autoestima. Jesus, ajuda-me a me enxergar com os teus olhos para ver as minhas qualidades e virtudes! Obrigada Senhor, porque sei que estou dando um importante passo neste caminho que me fará uma mulher mais que vencedora! Amém!"

Neste capítulo você aprendeu a...

- Dar valor a tudo que passou, pois trouxe você até aqui.
- Conhecer-se para resgatar sua autoestima, aprendendo que sua autenticidade deve ser valorizada.
- Reconhecer os sinais de baixa autoestima e lutar contra eles.
- Entender que uma autoestima bem resolvida pode ser a chave para a mudança que você deseja.
- Amar a si mesma, pois isso consiste em amar a Deus e, somente assim, é possível amar aos outros.

O código

CAPÍTULO 5

O ser humano é capaz de se comunicar por meio de códigos. Palavras, imagens, sons, placas de trânsito, tudo pode representar uma conexão e transmitir uma mensagem específica. Os egípcios, por exemplo, escreviam por meio de hieróglifos, uma escrita que combinava vários símbolos.

Mas você consegue entender esses símbolos? Acredito que, a não ser que você seja um estudioso da linguagem egípcia, dificilmente conseguirá.

Nós só conseguimos decifrar algo quando conhecemos o código. Se eu vejo algo escrito em russo, por exemplo, posso até saber que se trata dessa língua, mas não vou conseguir ler porque não aprendi russo. No entanto, se vejo algo escrito em inglês ou português, consigo ler e entender a mensagem, pois aprendi a decifrar essas línguas.

Quando eu domino um código, domino uma linguagem, ou uma mensagem, ou seja, aquilo que está por trás daquele sistema.

Então, qual é o nosso código espiritual? Existe isso? Sim! Não tem como você alcançar um desenvolvimento espiritual sem entender esse código, que está explicado com riqueza de detalhes no manual do fabricante. Esse manual é a Bíblia, a Palavra de Deus.

Tem muita gente que diz: "Ah, eu não consigo ler a Bíblia. É muito complicada!". Posso garantir que isso não passa de pretexto ou preconceito. Outra coisa que ouço muito é: "Mas a Bíblia foi escrita há tantos anos, por tantos homens diferentes, como isso ainda pode ter validade nos dias de hoje?". Porque, na verdade, Deus usou vários homens para escrever a Bíblia ao longo de mais de 1.500 anos, mas todos inspirados pelo mesmo autor: o Santo Espírito. É por isso que a Palavra de Deus é única, coesa e não se contradiz.

E sabe qual é a melhor parte? Você pode ler a Bíblia acompanhada do autor, o Santo Espírito, que certamente ensinará a você tudo aquilo que você não conseguir entender.

Essa Palavra é uma fonte poderosa de transformação para a sua vida. Ela é um verdadeiro código de acesso a todas as bênçãos e promessas do Senhor para nós, um caminho que vai se revelar a cada um de forma diferenciada.

Olha o que a própria Bíblia diz em Salmos 119.105: "A tua palavra é lâmpada que ilumina os meus passos e luz que clareia o meu caminho".

Quero levar você a conhecer mais sobre esse código incrível que é a Bíblia. Você vai entender que as coisas que acontecem ao seu redor não são aleatórias, mas conectadas à sua vida. Existe um mundo espiritual que nos cerca, que não podemos visualizar com os olhos, mas que está presente em nós.

Existem muitas filosofias de vida que você pode seguir, e a cada dia surgem novas filosofias. No entanto, eu escolhi seguir a filosofia cristã para pautar a minha vida e educar os meus filhos. Ela existe há mais de 2.000 anos e não falha! Quem segue por esse caminho nunca se decepciona, nunca será abandonado, porque Deus não muda com o passar dos anos. Ele é o mesmo ontem, hoje e eternamente.

A Bíblia não é um conjunto de regras sem sentido! Este é outro engano. Ela traz respostas práticas para todas as áreas da vida. Tenho certeza de que você vai encontrar nela as respostas que vem procurando há muito tempo.

Existem muitas religiões que querem ler a Bíblia de forma distorcida e apenas encontrar regras. Não é isso! O espírito mais que vencedor é diferente! Você encontrará histórias que vão ilustrar princípios para que você viva de uma forma diferente.

O mais importante é aplicar fundamentos bíblicos na sua vida, ou seja, viver essa Palavra de maneira efetiva.

Está achando difícil começar a leitura mesmo assim? Vou dar uma dica: leia um salmo por dia. Os Salmos são orações, louvores, que, entre muitas coisas, apresentam a nossa vida diante de Deus e nos abrem portas. Experimente!

Quer outra dica de como iniciar a sua leitura? Comece pelos quatro Evangelhos: Mateus, Marcos, Lucas e João. Eles contam a história de Jesus, nossa maior e mais poderosa fonte de inspiração.

Todos contam as experiências de Jesus, muitas delas parecidas, mas a partir de quatro pontos de vista diferentes. Mateus escreve para os judeus, reforçando que Jesus é a resposta de todas as promessas e profecias do Antigo Testamento; Marcos, mais focado nos romanos, mostra o lado prático de Jesus. Já Lucas é escrito para os gregos. Ele apresenta Jesus como o Messias, o Salvador. Finalmente, João, o apóstolo do amor, revela um Jesus universal, como o Verbo que se fez carne.

Comece e não pare! Tudo o que tem poder contra o mal é difícil, tem oposição. Você vai começar a ler a Bíblia e vai dar sono, preguiça, vai tocar o celular, o filho vai chamar... Não desista! Você tem de estar focado naquilo, totalmente comprometido.

Hoje existem várias formas de ler a Bíblia além do livro em papel: aplicativos em celulares e tablets, podcasts, outras gravações etc.

Em outras palavras, não tem desculpa. Vamos ler a Bíblia juntas de uma forma diferente? Abrindo os olhos para o quanto ela pode ser transformadora?

Vamos lá! Antes, porém, preciso explicar a você outra coisa...

1. A VISÃO DO CÓDIGO APOSTÓLICO

Tudo foi criado por Deus por meio da Palavra, e o seu relacionamento de intimidade com o Santo Espírito vai ensinar todas as coisas a você. Cada porção da Bíblia vai acrescentar a você novos conhecimentos!

Quando falamos de visão apostólica, referimo-nos a uma Palavra viva, algo que realmente impacta e muda a nossa vida, não uma série de regras e teorias vazias que não transformam ninguém.

Você vai viver isso, construindo uma história sua com essa Palavra. O que interessa é a raiz daquilo que você aprendeu e como você pode encaixar isso em várias áreas da sua vida de maneira prática.

Essa visão enxerga a Palavra sem religiosidade, mas como uma luz para guiar os seus passos. A religiosidade quer impor uma série de regras, mas não é isso que proponho a você. Não vivemos presos a regras, mas a verdades que transformam a nossa vida diariamente.

Deus tem para você novos estímulos, novos caminhos — basta você se abrir para entender. E o que brota na sua vida com verdade constrói uma verdade.

A essência da Palavra é simples, pois está acessível a todos; ao mesmo tempo é profunda, pois tem um grande efeito transformador. Ela nos altera radicalmente quando a aplicamos verdadeiramente.

A Bíblia relata o relacionamento do homem com Deus, relata a presença do divino em todos os livros da Bíblia. Relata experiências de pessoas que tiveram relacionamentos próximos com Deus e viram a própria vida transformada por isso.

O melhor de toda a Bíblia é que, por meio dela, passamos por experiências verdadeiras que anulam mentiras!

> **Deus tem para você novos estímulos e novos caminhos; basta você se abrir para entender.**
> **E o que brota na sua vida com verdade constrói uma verdade.**

Conhecer e não praticar também não adianta nada. Existem pessoas que afirmam conhecer muito a Bíblia — e às vezes até conhecem mesmo — mas quantos ensinamentos dela conseguem seguir? De que adianta saber falar hebraico e conhecer toda a história de Israel se não tiver amor? Jesus nos disse que o maior mandamento de todos é:

Ame o seu próximo como a si mesmo. (Mateus 22.39)

Fico pensando como o mundo seria diferente se conseguíssemos praticar esse único mandamento! Desenvolver esse sentimento de se importar com os outros, de se pôr no lugar de alguém que está sofrendo e sentir a dor do outro. Meu marido sempre me pergunta: "Você já se pôs no lugar desta pessoa?". Isso é muito importante. Convido você a fazer isso porque assim podemos ser justos, podemos avaliar melhor as atitudes tomadas, ou que deixaram de ser tomadas, e ter mais convicção nas nossas reações a elas.

Quando praticamos a empatia, quando "calçamos os sapatos do outro", passamos a entender melhor sua dor e dificuldades.

Isso vale na educação dos nossos filhos também. Já percebeu como nos esquecemos de que estamos usando o código errado para nos comunicarmos com uma criança? Esquecemos quem éramos aos 4 anos de idade, quais eram os nossos sonhos e como o nosso mundo se apresentava. Usamos a linguagem errada e perdemos a conexão com os nossos filhos.

Tenho uma experiência muito interessante sobre esse tipo de comunicação. Minha filha, Carol, tinha por volta de 3 anos de idade e insistiu para que eu a matriculasse no *ballet*. Só que aquele desejo extra não estava incluído no nosso orçamento familiar, e eu estava bem resistente em ceder. Mas quem é mãe sabe como é... queremos sempre dar o melhor para os nossos filhos. Carol é uma princesa linda e com delicadeza, ela me convenceu.

Eu me reorganizei para matriculá-la no *ballet*, mas, com a matrícula vieram o uniforme, a sapatilha, os acessórios... Foi um investimento considerável, inclusive de tempo, pois tive que reorganizar os meus horários, dedicar dois dias na semana para conduzi-la à aula. Enfim, reorganizei toda a rotina da casa para atender a um desejo da minha filha.

Na primeira aula, fiz um lindo coque nela, coloquei o uniforme rosa, a sapatilha, a rede no cabelo, enfeitei com muitas rosinhas... Fiquei muito orgulhosa e saímos em direção à primeira aula de *ballet* da minha boneca. Eu me emocionei ao vê-la na aula! Passou um filme na minha cabeça, um filme da minha infância.

A primeira aula foi maravilhosa, e eu voltei para casa recompensada por todo esforço. Aí chegou o dia da segunda aula... cheguei correndo do trabalho para levá-la e, para minha surpresa, ela não queria ir... Tentei algumas técnicas de mãe para convencê-la e nada. Ela aceitou se trocar, mas sentou no sofá e se recusou a me acompanhar.

Então, decidi conversar um pouco mais sério com ela e comecei perguntando se ela sabia o quanto eu tinha investido na matrícula, no uniforme etc... e perguntei a ela se ela sabia que tudo aquilo havia custado muito caro etc... Hoje, lembrando disso, consigo rir da situação. Foi engraçada a reação dela: simplesmente me olhou, com o olhar mais puro do mundo, levantou as mãozinhas e os ombros, numa expressão de dúvida. Claro que não sabia.

Meu marido percebeu que a minha conversa não estava sendo efetiva e me perguntou: "Você acredita mesmo que ela saiba o que é dinheiro? Claro que não!". Então ele começou a conversar com ela, e eu fiquei observando. Ele perguntou a ela de quais princesas ela gostava mais. Nesse momento, a carinha emburrada se desfez num sorriso e ela respondeu, com sua pronúncia de criança: Rapunzel, Ariel, Barbie... E ele completou: "E elas sabem dançar?". E ela apenas confirmou com a cabecinha que sim. Então, ele finalizou: "E você quer saber dançar como elas?".

A Carol imediatamente se levantou do sofá e respondeu que sim! E já me convidou para irmos em direção à porta para seguir para a aula.

Daquele dia em diante, quando eu chegava em casa para pegá-la, ela já estava pronta, ansiosa para irmos para a aula. Aonde quero chegar com essa história? Eu estava usando o código errado para me comunicar com ela. Dinheiro e trabalho ainda não faziam parte do universo da minha filha.

Eu havia me esquecido de que ela era apenas uma criança de 3 anos!

Naquele dia, mais tarde, questionei meu marido: "Como você conseguiu tao rápido?". Ele respondeu: "Eu me coloquei no lugar dela".

Assim, quando entendemos o código, fica muito mais fácil. Jesus quer conduzir você a fazer o que é o melhor para você.

Jesus nasceu e viveu como homem e se pôs no nosso lugar. Ele se esvaziou da sua glória e encarnou como homem para que pudesse sentir a nossa dor, saber quais são as nossas fraquezas. Tudo o que está registrado na Bíblia tem uma mensagem perfeita para cada uma das nossas necessidades.

Você consegue ver uma pessoa dormindo na rua e não ficar incomodado? Ou saber que alguém está passando fome e não contribuir com uma cesta básica?

Veja, estudar é maravilhoso, não estou dizendo o contrário! Também gosto muito de estudar e de tudo que possa ampliar o meu entendimento da Palavra. Mas nada disso adianta se for apenas conhecimento, não prática.

Não precisamos de teologia quando conhecemos Deus de perto. Chamamos isso de tomar posse de verdades espirituais, ou seja, de atitudes que vão ativar a sua fé.

Por isso, quero ensinar você a viver a Palavra para que você possa se refugiar nela em todos os momentos da sua vida. O que quero é que você se apaixone pela Bíblia como eu me apaixonei e a tenha como refúgio para que Deus fale com você! É dela que eu tiro os fundamentos para construir a minha vida.

Ler a Palavra se transforma em um hábito diário. Um alimento para nosso dia a dia.

Ame a Bíblia e se relacione com ela de modo diferente!

2. DECIFRANDO O CÓDIGO

Comecemos a decifrar esse código. Nunca mais você vai achar que a Bíblia é um bicho de sete cabeças, pois você vai mudar a forma de se relacionar com ela.

Você sabe que a Bíblia já foi queimada e proibida? Aliás, continua sendo proibida em muitos países comunistas.

Tem um livro que gosto muito chamado *O homem do céu*, de um autor chinês conhecido como Irmão Yun. Essa autobiografia conta a história de Yun, um homem simples que teve um encontro com Jesus e foi curado de câncer. Ele enfrentou inúmeras perseguições por sua crença, mas jamais negou sua fé. Costumava ficar decorando partes da Bíblia para não se esquecer dela.

Existe um trabalho missionário chamado Missão Portas Abertas, criado em 1955 pelo holandês Anne van der Bijl, mais conhecido como Irmão André. Ele decidiu contrabandear Bíblias para suprir os cristãos que viviam em países da então chamada Cortina de Ferro, onde era proibido ler a Bíblia, correndo risco de vida. A história é emocionante e está relatada no livro *O contrabandista de Deus*.

Estou contando esses casos para que você saiba como somos privilegiados. Na cultura ocidental podemos nos relacionar com a Bíblia livremente, temos a liberdade de lê-la e carregá-la para todos os lados. E muitas vezes ela fica lá, esquecida em uma gaveta... Ou aberta no meio da sala, como se isso fosse fazer alguma diferença.

Jesus sempre soube disso e por isso usava técnicas especiais para explicar a Palavra aos homens. Ele queria que todos vivenciassem a experiência de serem transformados.

Ele era um incrível comunicador e o maior de todos os mestres. Jesus escolhia as palavras e os exemplos de acordo com seu público.

Vamos entender um pouco das estratégias de Jesus para se comunicar.

Jesus era um mestre que contava histórias... Hoje diríamos que ele usava a linguagem de *storytelling*. Ele utilizava muitas parábolas. Essas parábolas eram histórias que Jesus contava, por meio das quais tratava de temas importantes de forma simples, usando cenas e exemplos do cotidiano das pessoas, os temas essenciais da mensagem do evangelho.

Por meio delas, Jesus ensina o amor ao próximo, a honestidade, a lealdade, o relacionamento com Deus, ou seja, uma série de princípios espirituais que tem o poder de reescrever sua história.

Se você preferir, também pode começar a leitura bíblica estudando as parábolas de Jesus. Essa Palavra é eterna e explica fatos que muitas vezes não conseguiríamos compreender de outra forma. Elas nos abrem o entendimento para a revelação que Deus quer nos dar.

E o que é essa revelação? É justamente decifrar o código, decifrar a Palavra. É quando enxergamos aquela luz e tudo começa a fazer sentido na nossa vida, a famosa *eureka*.

Vamos escolher algumas parábolas para exemplificar. Vejamos a parábola do joio que está em Mateus 13.24-30. Ela fala da diferença do joio e do trigo. Você já viu essas duas plantas? São praticamente idênticas!

O joio e o trigo são praticamente indistinguíveis para pessoas leigas. Até mesmo os profissionais do ramo da agricultura confessam ter dificuldades para identificar uma da outra à primeira vista. A princípio, ambas possuem a mesma coloração (verde de relva), a mesma haste (ou caule fino e oco), as folhas (finas, pontiagudas e longas) e até mesmo o cheiro de ambas é semelhante.

Contudo, é no momento do amadurecimento e da frutificação que ambas passam a assumir formas completamente distintas.

Vejam só esta imagem:

O joio tem aparência de trigo, mas não gera os frutos do trigo. Apesar de crescer ao lado do trigo, se alimentar do mesmo solo e receber a mesma chuva, não consegue dar frutos.

Essa parábola fala justamente que, às vezes, plantamos uma boa semente, mas o joio cresce junto. Jesus conta que, no meio da colheita, os agricultores acharam o joio em meio ao trigo e queriam arrancá-lo. No entanto, com sabedoria, Jesus os instruiu a aguardar o tempo perfeito. Ele ensinou a deixar o joio crescer porque, no tempo certo, cada um teria o seu destino: o trigo iria gerar alimento, e o joio seria queimado.

O que Jesus estava querendo ensinar? Que muitas vezes as pessoas desonestas, que não agem corretamente, que negam os princípios espirituais, estão misturadas em meio às pessoas honestas e justas.

Mas não cabe a nós ficarmos preocupados com isso. Um dia, Deus vai separar o joio do trigo, ou seja, os justos serão honrados.

Para que a mensagem fosse mais bem compreendida por seu público na época, Jesus usava exemplos que faziam parte do cotidiano das pessoas. Essas parábolas usavam situações do dia a dia de todos, tornando assim sua mensagem de fácil compreensão. Jesus nunca ministrou com arrogância, mas sempre se pôs na pele do outro para gerar aproximação e empatia.

Para decifrar o código, precisamos entender melhor as circunstâncias em que essa parábola foi escrita, por isso aqui é importante entender que tanto o trigo quanto o joio têm a mesma aparência, embora tenham destinos tão diferentes.

Outra parábola muito conhecida de Jesus é a do filho perdido, que está em Lucas 15.11-32. Conta a história de um homem que tinha dois filhos. O filho mais novo decide pedir ao pai sua parte da herança e vai embora de casa viver livremente. Ele gasta todo o dinheiro com festas, com tudo o que lhe dava prazer, e acaba ficando sem nada. Vira praticamente um mendigo, sentindo vontade de comer até a lavagem dos porcos.

Nesse momento crítico, ele se lembra da casa do pai, onde tinha tudo, e resolve voltar arrependido. Qual é a atitude do pai? Ele o recebe de braços abertos! Mas é rejeitado pelo irmão mais velho, que considera absurda a atitude do pai.

Essa parábola nos ensina sobre o amor de Deus por seus filhos. Ele ama o filho incondicionalmente, mesmo que tenha feito tudo para envergonhá-lo. Jesus quer nos mostrar que Deus nos ama assim, como pai, e que jamais nos abandonará.

Existem 40 parábolas de Jesus na Bíblia. Convido você a conhecê-las, pois ensinarão coisas maravilhosas que você poderá aplicar diariamente na sua vida. No final deste capítulo, você encontrará uma lista dessas parábolas e as respectivas referências bíblicas. Programe-se para ler todas e meditar sobre seus significados. Essa também é uma excelente forma de começar a ler e entender a Palavra.

3. O MELHOR DA PALAVRA

Nós somos formados por corpo, alma e espírito. A Palavra é uma verdadeira fonte de alimento para o espírito, assim como a comida é para o corpo. É por meio dela que a nossa fé se desenvolve e cresce, como está em Romanos 10.17: "a fé vem por se ouvir a mensagem, e a mensagem é ouvida mediante a palavra de Cristo".

A Palavra, então, deve ser o seu alimento espiritual. Jesus nos mostrou isso quando estava no deserto e teve de enfrentar a tentação. Antes de iniciar seu ministério, Jesus se recolheu para o deserto por 40 dias, para orar e jejuar.

Depois de 40 dias de jejum, vocês acham que Jesus estava com fome? Claro que sim! Ele estava em uma condição humana, assim como eu e você estamos, e com certeza estava faminto. Naquele momento, então, Satanás se aproveita de sua fraqueza e vem tentá-lo...

Ele faz uma proposta irrecusável; afinal, por que Jesus tinha que passar fome? Mas Jesus responde com a Palavra, veja o que ele diz em Mateus 4.4: "Nem só de pão viverá o homem, mas de toda palavra que procede da boca de Deus".

Jesus sabia que aquele momento era decisivo. Ele conhecia a Bíblia e sabia que aquela era a hora de vencer aquela oferta. Combateu o Diabo com a Palavra e nos mostrou que também podemos fazer isso.

Ele também nos diz que é o Pão da vida e que, quando "comemos deste pão", nunca mais temos fome. O que Jesus estava querendo dizer? Simplesmente que, para que você encontre o real sentido da sua vida, precisa se aproximar de Deus. Quando você se sente totalmente perdido e confuso, é porque o seu ser espiritual precisa de reforço; precisa de Deus!

A religião não consegue alimentar ninguém, não é esse o caminho. Por isso, não apresento aqui uma religião, mas uma verdade que possa guiar você a um verdadeiro renascer.

A Palavra de Deus nos proporciona um verdadeiro banquete espiritual. Durante a quarentena da pandemia de Covid-19, entre tantas experiências preciosas que vivi em família, uma das melhores foi a iniciativa do meu marido de termos mais momentos da leitura da Bíblia juntos.

Fazemos assim: temos hora marcada para começar, não usamos celular nem permitimos alimento na mesa, apenas água e chá. Oramos para iniciar a reunião e depois cada um lê um versículo e todos nós comentamos e estudamos juntos sobre aquele versículo. Depois oramos juntos. Esse tempo de comunhão é muito bom! Nos sentimos renovados e mais confiantes a cada reunião, além de ter restabelecido e fortalecido ainda mais os laços familiares.

Jesus quer alimentar o seu interior de verdades que libertem você. Quando você começa a praticar isso, percebe que não pode mais viver sem esse alimento. É assim que alimentamos o "novo homem", aquele que renasceu por meio de uma vida com Jesus. Alimentamos o "novo homem" com novas atitudes que são frutos dessas Palavras plantadas no nosso interior.

Seguindo por esse caminho e aprendendo essas verdades, sabemos que seremos socorridos por Deus nas nossas fraquezas.

Renascemos em Cristo!

4. DECODIFICAÇÃO PERSONALIZADA

A princípio, todo código representa apenas mais um dado. Esse dado, no entanto, é apenas um registro, não uma informação. Então, como um dado se transforma em informação? Um dado precisa ser processado, através de uma combinação de códigos, para que possamos obter uma informação completa, para que seja capaz de significar algo. Por exemplo: um CPF está associado a uma única pessoa. O número aleatório não significa nada, mas dentro de um sistema, que combina uma série de dados, ele gera uma combinação que, ao ser processada, apresenta uma informação.

Da mesma forma, a Palavra de Deus precisa ser decodificada na sua vida. Ela precisa se transformar em uma informação personalizada, algo específico que pode ser aplicado a você.

Por isso, reitero que você precisa aprender a se relacionar com Jesus de forma próxima, como a um amigo, alguém que conhece e ama você. Isso só vai acontecer se você conhecer Jesus por meio das suas palavras. Existem muitas informações equivocadas por aí sobre Jesus.

Nos Evangelhos, no entanto, conhecemos quem é Jesus verdadeiramente e passamos a ter esse relacionamento mais próximo.

Deus deseja esse relacionamento, porque quer que o homem busque conhecê-lo mais.

Jó, depois de ter sofrido tantas perdas e de ter sido completamente restaurado, reconheceu que seu conhecimento de Deus mudou completamente: "Meus ouvidos já tinham ouvido a teu respeito, mas agora os meus olhos te viram" (Jó 42.5).

Conhecer de verdade é experimentar. Uma coisa é falar "eu vou andar de bicicleta", outra coisa é realmente andar de bicicleta. O conhecimento tem de levar a uma experiência e o que quero é que você tenha intimidade com Deus.

E conhecerão a verdade, e a verdade os libertará.
(João 8.32)

Essa semente da verdade é plantada em nós por meio da Palavra. Paramos de entender as coisas só pela razão e nos abrimos para essa decodificação espiritual, para entender as coisas segundo os movimentos espirituais.

Como você vai fazer com que a Palavra se transforme em verdade na sua vida? Vivendo experiências. Assim, aquela Palavra deixará de ser a verdade de outra pessoa para passar a ser a sua verdade, a sua experiência de vida.

5. MULHERES VENCEDORAS NA ESSÊNCIA

Para ser vencedora, você precisa ser fértil espiritualmente. Em outras palavras, precisa aprender a gerar no espírito.

O que significa isso? Quer dizer que, quando você lê ou ouve uma promessa da Palavra de Deus, ela tem de germinar dentro de você. Minha mãe costuma dizer que precisamos "engravidar das promessas".

E é bem isso mesmo! Antes que elas nasçam no mundo real, precisamos ter certeza de que já foram determinadas e já nasceram no mundo espiritual.

Por exemplo, em Gênesis 3.15 houve uma promessa:

> *Porei inimizade entre você e a mulher, entre a sua descendência e o descendente dela; este ferirá a sua cabeça, e você lhe ferirá o calcanhar.*

O que significa isso? Deus estava dizendo que, no futuro, Jesus nasceria de uma mulher (Maria) e pisaria na cabeça da serpente, o Diabo, vencendo a morte. Maria foi desafiada a acreditar naquela promessa, que ela seria a mãe do filho de Deus.

Pelo menos cinco mulheres da Bíblia decifraram esse código e o aplicaram de forma pessoal. Elas eram mulheres rejeitadas e fracassadas, mas, de uma maneira totalmente improvável, acabaram entrando na genealogia de Jesus.

A primeira é Tamar, uma mulher rejeitada por dois maridos, filhos de Judá. Condenada a viver na viuvez e sem filhos, não se conformou com seu destino e acabou engravidando do próprio sogro, Judá (Gênesis 38).

A segunda é Raabe, uma prostituta que acolheu os espias de Josué antes da destruição da cidade de Jericó. Ela colocou uma fita vermelha em sua casa para que não fosse destruída durante a invasão do povo judeu e, dessa forma, salvou sua família. Uma prostituta, que não conhecia o Deus de Israel, mas que se entregou a ele e foi salva. Todos morreram naquela cidade, menos Raabe e sua família! A casa dela ficava em cima da muralha, no único pedaço que não foi destruído! E tem mais: Raabe foi a mãe de Boaz, aquele que seria o resgatador de Rute.

A terceira mulher é Rute, uma moabita que, por amor ao Senhor e à sua sogra, se recusou a retornar aos deuses de sua terra após a morte de seu marido. Por sua fé e perseverança, Rute foi resgatada por Boaz, filho de Raabe, e gerou Obede, pai de Jessé, que gerou Davi. Não importa o que Rute perdeu, ela encontrou o futuro de Deus.

A história continua com Bate-Seba (1Reis 1.15-27), a quarta mulher que desejo que você conheça. Ela adulterou com Davi e o fruto desse adultério, seu primeiro filho, morreu. Após o arrependimento de Davi, que se casou com Bate-Seba, ela engravidou novamente. Seu segundo filho, Salomão, seria o sucessor de Davi. Salomão foi o rei mais sábio de Israel e realizou o sonho de Davi de construir um templo para o Senhor.

A quinta mulher é Maria. Pense um pouco: você acha que receber a visita de um anjo com uma proposta inusitada de ter um filho do Santo Espírito era algo que ela esperava? Claro que não! Mas o que parecia loucura era a promessa de Deus se concretizando: Jesus (Lucas 1.26-56). Ela acreditou e se entregou para gerar a resposta para a humanidade.

Não é maravilhoso saber que Deus construiu uma genealogia para o nascimento de Jesus cheia de testemunhos dessas mulheres mais que vencedoras?

O meu desejo é que você encontre dentro da sua essência os códigos de Deus que vão determinar o seu futuro, assim como essas mulheres encontraram. Saiba que o seu futuro nunca mais será guiado por circunstâncias, por piores que sejam, mas sim por promessas de vitórias.

6. VAMOS PRATICAR?

LEITURA BÍBLICA

1º) Decifre os códigos nas parábolas de Jesus

Escolha 5 parábolas e explique as metáforas (códigos) implícitas em cada uma.

40 parábolas de Jesus

1. O bom samaritano (Lucas 10.30-37)
2. A ovelha perdida (Lucas 15.4-7)
3. A moeda perdida (Lucas 15.8-10)
4. O filho perdido (Lucas 15.11-32)
5. O administrador astuto (Lucas 16.1-8)
6. O rico e Lázaro (Lucas 16.19-31)
7. Os servos (Lucas 17.7-10)
8. A viúva persistente (Lucas 18.2-5)
9. As dez minas (Lucas 19.12-27)
10. Os lavradores (Lucas 20.9-16)
11. A roupa nova (Lucas 5.36)
12. O vinho novo (Lucas 5.37,38)
13. O prudente e o insensato (Lucas 6.47-49)
14. Os dois devedores (Lucas 7.41-43)
15. O semeador (Lucas 8.5-8)
16. A candeia (Lucas 8.16-18)
17. Os empregados alertas (Lucas 12.35-40)
18. O amigo persistente (Lucas 11.5-8)
19. O rico insensato (Lucas 12.16-21)

20. O administrador fiel (Lucas 12.42-48)

21. A figueira sem frutos (Lucas 13.6-9)

22. A figueira sem folhas (Lucas 21.29-31)

23. O grão de mostarda (Lucas 13.18,19)

24. O fermento (Lucas 13.20,21)

25. Os convidados da festa de casamento (Lucas 14.7-14)

26. O grande banquete (Lucas 14.15-24)

27. A construção da torre (Lucas 14.28-33)

28. O fariseu e o publicano (Lucas 18.10-14)

29. Os lavradores (Marcos 12.1-9)

30. A semente (Marcos 4.26-29)

31. O joio (Mateus 13.24-30)

32. O tesouro escondido (Mateus 13.44)

33. A pérola de grande valor (Mateus 13.45,46)

34. A rede (Mateus 13.47,48)

35. O servo impiedoso (Mateus 18.23,24)

36. Os trabalhadores na vinha (Mateus 20.1-16)

37. Os dois filhos (Mateus 21.28-31)

38. O banquete de casamento (Mateus 22.2-14)

39. As dez virgens (Mateus 25.1-13)

40. As ovelhas e os bodes (Mateus 25.31-36)

2º) Personalize o código: Leia 1 salmo por dia como se fosse uma oração pela sua vida.

7. ORAÇÃO

"Senhor, quero aprender esse código. Santo Espírito, acompanha-me na leitura da Palavra, mostra-me o que o Senhor deseja para mim. Quero viver essas experiências verdadeiras e aprender, a cada leitura, um pouco mais sobre Jesus Cristo. Desejo ter um relacionamento verdadeiro com o Senhor e que essa Palavra possa gerar verdadeira transformação em todas as áreas. Quero crescer a cada dia, trazendo assim a existência das tuas promessas à minha vida. Amém!"

Neste capítulo você aprendeu a...

- Compreender que a Bíblia é seu guia e manual, e que você pode lê-la acompanhada do autor, o Santo Espírito.
- Ler consistentemente a Palavra de Deus, pois é a melhor forma de realmente entendê-la.
- Alimentar-se diariamente da Palavra, aprendendo as verdades ali contidas.
- Viver a Palavra para que essas verdades sejam sua experiência de vida.
- Guiar seu futuro pelas promessas de vitória que só em Deus, por meio da Bíblia, você pode encontrar.

Poder da superação

CAPÍTULO 6

Preciso tocar agora em um ponto crucial para alcançar o resultado que você se determinou quando começou a ler este livro: superação. Trata-se de uma força que nasce em meio aos desafios, quando somos testadas além dos nossos limites. Gosto de separar a palavra superação em duas: super + ação, pois é exatamente essa força que o processo produziu em você até aqui.

Como tudo na vida, a escolha é nossa, podemos superar algo ou não. Quando estamos diante de um grande desafio, temos pelo menos três escolhas possíveis: voltar para trás e abandonar o que conquistamos, ficar paralisada e esperar para ver o que acontece — o que geralmente não dá certo e nos aprisiona — ou podemos escolher aprender com as adversidades e avançar. Esse terceiro caminho, que nos aperfeiçoa e nos habilita a novas conquistas, é o que quero ajudar você a percorrer.

Superar é vencer adversidades, injustiças, traições, perdas, situações que nos prendem ao passado e sair mais forte, mais equilibrada, experiente e resiliente. Sair inabalada.

Superar também é abandonar o medo de seguir em frente. O medo, quando não funciona como um instinto de proteção — como o medo de cair de um lugar alto, por exemplo — é uma força que nos paralisa. Quando entendemos que podemos avançar com a força do amor de Jesus, o medo fica para trás.

> *No amor não há medo; ao contrário o perfeito amor expulsa o medo. Portanto, aquele que sente medo, porque o medo supõe castigo. Aquele que tem medo não está aperfeiçoado no amor.*
> (1João 4.18)

O apóstolo Paulo é um grande exemplo de superação para mim. Ele não encarava as perseguições como forma de paralisação, mas sim como maneira de avançar e de levar a Palavra de Deus a um número maior de pessoas.

Quem pode agradecer por passar por problemas? Quem tem uma mente vencedora!

Como lemos na carta de Filipenses, Paulo não estava preso ao passado, mas focado nos seus objetivos: "Irmãos, não penso que mesmo já o tenha alcançado, mas uma coisa faço: esquecendo-me das coisas que ficaram para trás e avançando para as que estão adiante, prossigo para o alvo" (Filipenses 3.13,14a).

Superar é ultrapassar, exceder, sobrepujar limites. É subir ao pódio e não permanecer ali, mas conquistar outras vitórias. Paulo sabia que os problemas e desafios representam oportunidades de crescimento para a vida, como está escrito em Romanos 5.3,4: "Não só isso, mas também nos gloriamos nas tribulações, porque sabemos que a tribulação produz perseverança; a perseverança um caráter aprovado; e o caráter aprovado esperança".

Quem pode agradecer por passar por problemas? Quem tem uma mente vencedora! Todas as situações ruins na sua vida são oportunidades de crescimento. Não se desespere! Cada problema tem uma solução.

1. SUPERAR OBSTÁCULOS

A primeira coisa que você precisa saber é que obstáculo é diferente de impedimento. O que impede você é algo imposto, incontrolável, mas o obstáculo é algo que pode ser ultrapassado. A maneira como você encara os obstáculos determinará o tamanho deles na sua vida.

Lembre-se: o seu pior adversário é você mesmo, pois se você se deixar abater por pensamentos negativos, nunca será capaz de atrair coisas positivas para a sua vida.

Se você deixar que os obstáculos se tornem pensamentos negativos, eles realmente podem se transformar em grandes impedimentos ao seu crescimento. A superação exige paciência! Vai ser um processo. Por exemplo: para construir uma carreira de sucesso você precisa estudar, ter experiências, saber se comunicar. Da mesma forma, para construir um casamento vitorioso, você precisa de tempo, de paciência, de resiliência no dia a dia. Tudo tem seu tempo, e isso faz parte do processo de superação, que é diferente para cada um.

Para superarmos os obstáculos, fracassos, tristezas e problemas diários, não podemos ficar focadas nas fraquezas ou nos defeitos que temos. Não se deixe abater por pequenos insucessos e frustrações e mantenha o foco nos seus objetivos a serem alcançados. É exatamente isso que Paulo nos diz em Romanos 8.37, versículo que direciona o trabalho das Mulheres +QV: "Mas em todas estas coisas somos mais que vencedores, por meio daquele que nos amou".

Quando superamos os nossos limites e estamos debaixo do direcionamento do Santo Espírito, somos mais que vencedoras! É justamente por isso que essa passagem é o nosso lema! Porque somos mais que vencedoras em Cristo Jesus. Com ele podemos superar todos os tipos de obstáculos e problemas.

Nesta jornada, precisamos ter consciência de que superar a dor ou permanecer nos ambientes de dor é uma questão de escolha.

2. INCONFORMISMO

Inconformismo é uma marca na minha vida, é a semente da superação. Não consigo ficar parada e me acostumar com uma situação que pode ser transformada. Aprendi isso com os meus pais e com outras referências, como professores, profissionais, amigos.

Por isso, procure pessoas que inspirem você e que sejam grandes exemplos de superação. Escolha, por exemplo, nas redes sociais, pessoas que influenciam de forma positiva, com quem você possa aprender e crescer. Não siga apenas aqueles que falam de futilidades e não acrescentam nada!

Existem exemplos de superação em todas as áreas. Observamos, em meio à pandemia por Covid-19, inúmeros casos de pessoas que venceram a doença e estão curadas, mesmo diante dos piores diagnósticos e sentenças.

O seu testemunho pode inspirar outras pessoas. Já parou para pensar nisso?

Observamos essa característica de superação em grandes homens e mulheres da nossa história. Um deles é Walt Disney que, antes de viver muitos êxitos, não recuou diante dos fracassos.

> **Toda a adversidade que eu tive na minha vida, todos os problemas e obstáculos, tornaram-me mais forte. Talvez você não se dê conta de quando isso acontece, mas uma grande decepção pode ser a melhor coisa que aconteça a você.**
> **Walt Disney**

Desde pequeno, Walt Disney gostava de desenhar e aos 19 anos abriu sua primeira empresa, vendendo desenhos das personagens que desenhava desde a infância.

Sem dinheiro para pagar aluguel nem para comprar comida, foi forçado a viver com amigos. Aos 22 anos, declarou falência de sua empresa de desenhos em Dallas. Foi para Hollywood e tentou trabalhar no cinema, mas também não conseguiu. Ele chegou a ser demitido por um editor de jornal, acusado de ser preguiçoso e de não ter imaginação! Como assim? Já pensou se ele tivesse acreditado nisso e desistido?

Ele, porém, não desistiu. Pouco tempo depois, criou seu primeiro personagem de sucesso, Mickey Mouse, que se transformaria em uma estrela mundial. A Disney Studio não parou de crescer até se tornar The Walt Disney Company, o maior grupo de mídia e entretenimento do mundo que integra produção de filmes, música, publicidade, canais de televisão e parques temáticos.

Ele tomou essa crítica — você não é criativo! — e a transformou em um desafio interior.

"Eu gosto do impossível porque lá a concorrência é menor", dizia Walt Disney.

Existem inúmeros exemplos como este! Vamos falar de uma mulher?

Oprah Winfrey, simplesmente a maior apresentadora que a TV americana já produziu. Mulher e negra, foi vítima de muitos preconceitos. No começo da década de 1980, Oprah trabalhava como âncora de um jornal em um canal local de TV na cidade de Baltimore, nos Estados Unidos, e chegou a ser demitida. Segundo seu chefe, ela se deixava envolver demais nas histórias que contava em seu programa.

Poucos anos depois, em 1986, seu *talk show*, o Oprah Winfrey Show, começava a ser exibido em cadeia nacional. O programa foi renovado até a 25ª temporada e rendeu à apresentadora muitos prêmios. Oprah é considerada hoje uma das mulheres mais ricas e influentes do mundo. Mais do que dinheiro, Oprah tem prestígio e é respeitada em várias camadas da sociedade internacional.

E por aí vai... O gênio Albert Einstein repetiu de ano três vezes (acredita nisso?), entre muitos outros exemplos. Todos deram a famosa "volta por cima" e venceram. Hoje são verdadeiras lendas, referências em suas áreas de atuação.

E você? Como quer ser lembrado? Que legado você quer deixar?

Rute, um grande exemplo de superação

Ter entendimento é enxergar com clareza. É deixar de andar de acordo com seus medos, carências, frustrações, complexos e deduções. É deixar de ser manipulado mentalmente e emocionalmente. Antes de dar ouvidos aos julgamentos, lembre-se de que está tudo perdoado.

> *Se confessarmos os nossos pecados, ele é fiel e justo para perdoar os nossos pecados e nos purificar de toda injustiça.*
> (1João 1.9)

Rute é um grande exemplo de superação. Ela superou a perda, a morte, a miséria e não teve vergonha de recomeçar.

Ela perdeu o marido e se viu em uma situação totalmente desamparada, sem dinheiro e com uma sogra enlutada para cuidar. Rute poderia ter voltado para trás, ficado com seu povo, em Moabe, ou escolhido a alternativa mais cômoda e segura, mas optou por permanecer ao lado da sogra e continuar a servir o Deus que tinha aprendido a amar. Juntas, ela e a sogra, Noemi, foram até Belém; depois disso, Rute reconstruiu sua vida e se casou novamente.

> *Aonde fores irei; onde ficares ficarei! O teu povo será o meu povo e o teu Deus será o meu Deus!* (Rute 1.16)

Rute foi íntegra em tudo: no casamento, no trabalho e na família. Não quebrou seus laços de aliança, não se lamentou, não se atirou pelo caminho desesperada. Trabalhou, lutou, e não teve vergonha de ir atrás daquilo que precisava para seu próprio sustento e o da sogra.

E tudo isso em uma época em que as mulheres viúvas não valiam nada! Ela teve fé, perseverança e resiliência e foi honrada por isso. Rute foi abençoada com uma nova família e entrou para a genealogia de Jesus. O que dizer das perdas que ela sofreu? Ela teve de aceitá-las e seguir em frente e deixar que o Senhor trabalhasse em sua vida.

> **O Senhor tem uma missão
> para cada um de nós!
> Ele não faz nada "de propósito",
> mas com "um propósito".
> É tudo uma questão de entendimento.**

Passar por perdas, muitas vezes, é necessário para entendermos o nosso valor.

Entenda isto: as perdas são necessárias!

Assim como uma peça de mármore é trabalhada até ser transformada em uma linda escultura, essa nova "forma" é o que nos inclui no plano de Deus. Somos como pedras brutas nas mãos dele. Se permitirmos, ele molda o nosso caráter.

Não permita que mais nada roube a sua paz! Lembre-se de que as perdas são uma forma de Deus trabalhar na sua vida e desenvolver você, desde que você esteja aberta para isso.

O Senhor tem uma missão para cada um de nós! Ele não faz nada "de propósito", mas com "um propósito". É tudo uma questão de entendimento.

3. PASSO A PASSO PARA A SUPERAÇÃO

Vamos lá, o que preciso fazer para superar as adversidades?

Como nós falamos no capítulo 2 deste livro, o primeiro passo é superar o passado.

> *Se agir assim, certamente haverá bom futuro para você, e a sua esperança não falhará.* (Provérbios 23.18)

Algumas pessoas têm o costume de rever as recordações do Facebook e ficam sofrendo com saudades do passado. O tempo não volta! Aprenda com os seus erros e siga em frente.

Pare de ser saudosista e de achar que o seu futuro nunca será melhor do que aquilo que você viveu no passado. Lembre-se do que falamos: não existem perdas, mas propósitos. Busque transformar suas frustrações e erros em aprendizados e caminhe de acordo com o que você tem aprendido.

O segundo passo é superar o medo do desconhecido.

Deus não permite que passemos nenhuma situação que não possamos enfrentar e superar. Ele conhece cada uma de nós profundamente e sabe o que podemos enfrentar e vencer. Sem falar que não nos abandona jamais, muito menos na adversidade.

Temos que pôr em prática tudo o que ele tem nos ensinado, tudo o que estamos aprendendo nesta jornada. Deus nos deu armas espirituais, que nos protegem do mal:

> *Por isso, vistam toda a armadura que Deus, para que possam resistir no dia mau e permanecer inabaláveis, depois de terem feito tudo.* (Efésios 6.13)

Se acreditamos que Deus está no controle da nossa vida e que deseja o melhor para nós, não devemos temer o que vem pela frente. O futuro é promissor e guarda os nossos sonhos e promessas.

Deus conhece todos os dias da nossa vida e sabe exatamente quais os planos que tem para o nosso futuro. Não precisamos entender; precisamos confiar.

Terceiro passo: superar nossas limitações.

Porque, como imagina em sua alma, assim ele é. (Provérbios 23.7, *ARA*)

Este é um princípio espiritual muito poderoso: não se veja como uma pessoa derrotada e não foque nas suas fraquezas.

É impressionante o que a nossa mente pode fazer conosco! Tudo aquilo que você foca você também amplia. Muitas vezes, nós mesmas nos sabotamos quando nos rebaixamos.

Em vez de olhar paras as situações à sua volta e verbalizar as mentiras do Inimigo, como: "Eu não sou capaz porque fui traída, enganada, abandonada, fiquei doente...", verbalize a vitória. Isto é profetizar: "Eu venci a traição, eu venci o engano, eu venci o abandono, eu venci essa enfermidade!". Profetize palavras de vitória e você verá a força que atrairá à sua vida.

O quarto passo é evitar reclamar e sentir pena de si mesma.

Quem supera não murmura, não reclama de tudo.

Já parou para pensar na palavra reclamar? Ou "implorar, protestar" por algo que já passou? É perder tempo com o passado. Precisamos dar um basta a tanto passado no presente. Do passado, devemos levar apenas as lições, os aprendizados e as boas lembranças.

Não atraia com palavras, o mal que você já venceu. Ficar reclamando de tudo foi um dos motivos que deixou o povo de Israel dando voltas no deserto durante 40 anos. Além disso, eles não entraram na terra prometida.

Às vezes, estamos andando em círculos e reclamando! E como são chatas as pessoas que só reclamam, não é verdade? Seja uma mulher positiva, otimista; olhe para Jesus e contemple as situações que você está enfrentando como oportunidades de desenvolvimento.

> *E não se queixem, como alguns deles se queixaram e foram mortos pelo anjo destruidor.* (1Coríntios 10.10)

Esse versículo é impressionante! Cada vez que você reclama, você destrói seus sonhos! Reclamar e chorar só atrasa o seu avanço. Olhe para Jesus e siga em frente com foco nos seus objetivos!

4. VAMOS PRATICAR?

Você já assistiu ao filme *Superação, o milagre da fé*?

Ele conta a história de uma família americana que, em uma manhã de inverno, estava passeando próxima a um lago quando o menino John Smith, de apenas 14 anos, sofreu uma queda e ficou submerso por mais de 15 minutos.

Chegando ao hospital, John é considerado morto por mais de uma hora até que sua mãe, Joyce Smith, ao lado do pai e de um pastor, junta todas as suas forças e pede a Deus para que seu filho sobreviva. Sua prece poderosa é responsável por um milagre incrível. Vale a pena ver!

Assista ao filme e reflita:

— Quais situações da sua vida você acredita que ainda não superou?

— Faça uma lista dessas situações em cada área da sua vida e busque uma direção/estratégia de Deus. O que você pode fazer para mudar cada uma delas e sair da estagnação?

Existe um provérbio chinês que gosto muito: "Toda grande caminhada começa com um primeiro passo".

Às vezes, um pequeno passo é um grande começo, mas é importante dar esse passo de fé na direção da superação.

5. ORAÇÃO

"Senhor Jesus, eu declaro que vou seguir em frente e superar as situações que querem me impedir de crescer. Eu profetizo que não sou derrotada, entristecida, abandonada, mas sou vitoriosa, mais que vencedora e tenho capacidade de aprender e crescer cada dia mais. Serei uma mulher bem-sucedida em tudo aquilo que eu me dispuser a fazer porque tu estás ao meu lado! Amém!"

Neste capítulo você aprendeu a...

- Escolher avançar em vez de voltar atrás ou paralisar diante de um desafio.
- Manter o foco em seu objetivo, sempre se lembrando que, em Jesus, você é mais que vencedora.
- Não se conformar com situações que podem ser transformadas.
- Superar cada passo imposto pelas adversidades.

Avanço

CAPÍTULO 7

Retroceder ou ficar parado? Essas opções não podem mais existir. Dizem que águas passadas não movem moinhos, mas águas paradas também não. Aliás, o mundo está em constante movimento, ou seja, quem fica parado naturalmente fica para trás. O tempo não para e não volta! Não existe estoque de vida.

O próprio planeta em que vivemos possui dois movimentos principais e constantes: o de rotação — que a terra executa sobre seu próprio eixo — e o de translação — que o nosso planeta executa em torno do sol. São esses movimentos que definem a noite e o dia e as estações do ano, mantendo tudo em equilíbrio.

Mesmo quando estamos dormindo, ou seja, "parados", o nosso organismo continua trabalhando para recarregar as nossas energias — por meio do que consumimos no dia —, produzir hormônios e reforçar o nosso sistema imunológico, bem como a nossa mente.

O corpo e a mente foram criados para serem condicionados, ou seja, para serem desenvolvidos, aperfeiçoados e expandidos. A recomendação médica para quem trabalha o tempo todo sentado, por exemplo, é se levantar e se movimentar a cada duas ou três horas para prevenir uma série de doenças, como a trombose. Os músculos quando não são trabalhados, atrofiam.

Acredite: o mesmo acontece com a nossa vida espiritual. A busca precisa ser constante. Por isso, no Pai-nosso, a oração que Jesus nos ensinou, ele fala sobre "o pão nosso de cada dia", pois é o alimento que nos mantém de pé e nos fortalece diariamente.

Avançar para ocupar espaços

E por que avançar? Para ocuparmos os espaços. A Palavra de Deus é o nosso mapa, e o Santo Espírito é a nossa bússola.

> *Não deixe de falar as palavras deste Livro da Lei e de meditar nelas de dia e de noite, para que você cumpra fielmente tudo o que nele está escrito. Só então os seus caminhos prosperarão e você será bem-sucedido.* (Josué 1.8)

Josué foi um grande exemplo de conquista. Em sua liderança, foram conquistados 33 reinos — 31 na terra prometida e dois antes da entrada.

Bem-sucedido é pouco! Muito bem-sucedido! E qual foi a fórmula do sucesso de Josué? Não parar... avançar sempre!

Em Hebreus 10.38 está escrito que o Criador não se agrada daqueles que retrocedem. Obviamente, ele nunca deixará de nos amar, mas, se quisermos agradá-lo, precisamos andar no centro da sua vontade.

O plano que o Senhor tem para nós é sempre avançar e alargar as estacas. Deus não nos criou apenas para existir, mas porque temos um propósito. A minha pergunta hoje é: você realmente está avançando em direção à sua vocação?

O maior desafio do ser humano é avançar apesar de todas as circunstâncias contrárias. Porque, ao longo do caminho, haverá muitos obstáculos para tentar paralisar você. Cabe a cada uma de nós olhar para Jesus e seguir em frente.

Como vamos avançar?

Precisamos observar três pontos neste processo: o ponto de partida, a jornada e o destino. As pessoas acabam capotando ou estacionando justamente na jornada, é por isso que o avanço requer decisão e disciplina.

Avançar é aproveitar as oportunidades. É transformar os erros em aprendizados. É manter o foco na solução, não no problema.

O que acontece quando vierem as más notícias? A tendência é ficarmos paralisadas e desesperadas: "E agora? Só me resta chorar!". Chorar só é algo construtivo se for para sermos consoladas. A minha mãe costuma dizer: "Chore, sim, mas por cinco minutos. Depois, enxugue o rosto e siga em frente!". Em meio aos obstáculos, precisamos aprender a reagir rápido.

Foi dessa maneira que eu agi com os meus filhos quando os ensinei a andar. Quando caíam, eu não ficava desesperada, mas os ajudava a levantar e falava: "Já passou, está tudo bem. Vamos voltar a brincar?". Desde cedo os ensinei a não ficar prostrados, a não desistir.

A ordem de Deus é sempre: "Levanta e anda!"

Quando o povo estava no deserto e literalmente encurralado com o exército egípcio atrás disposto a aniquilá-los e o mar Vermelho à frente, qual foi a reação deles? A mais infantil possível: queriam fugir, retroceder. Deus, em vez de carregá-los no colo, disse a Moisés: "Por que você está clamando a mim? Diga ao povo que marchem" (Êxodo 14.15).

O Senhor simplesmente ignorou as reclamações, pois ele não se relaciona com as nossas deformações e com os nossos problemas, mas com o nosso potencial e propósito.

Mas, afinal, o que pode nos impedir de avançar?

1. BARREIRAS INTERNAS (PESSOAIS)

Vamos analisar alguns aspectos da nossa vida que podem nos fazer retroceder.

Em primeiro lugar, precisamos estar em equilíbrio no corpo, na alma e no espírito.

— **Corpo:** Uma alimentação saudável, aliada a uma boa noite de sono e à prática de atividades físicas, garantem mais disposição.
— **Alma:** Relacionamentos e ambientes saudáveis trazem paz e alegria.
— **Espírito:** Esteja conectada à fonte certa, pois isso dará a você força e energia para suportar e superar qualquer barreira.

Em segundo lugar, é necessário eliminar três Pês:

1º) Procrastinação: a tendência de deixar para depois e acumular pendências ou projetos inacabados.

Quais são as justificativas para não irmos além? Já parou para pensar que gastamos mais tempo e energia estabelecendo limites do que removendo?

Quando Deus prometeu a Sara que ela seria mãe mesmo depois de idosa, ela riu, mas em resposta ouviu: "Existe alguma coisa impossível para o Senhor?" (Gênesis 18.14). É claro que não, somos nós que impomos os limites e nos apegamos a eles.

2º) Preguiça: a tendência de deixar para lá ou fazer tudo pela metade.

Houve um momento em que o povo hebreu realmente se acomodou. Conformaram-se apenas com algumas terras, mas Josué os conscientiza:

> Então Josué disse aos israelitas: "Até quando vocês vão negligenciar a posse da terra que o Senhor, o Deus dos seus antepassados, deu a vocês?" (Josué 18.3).

3º) Passividade: o famoso "deixa a vida me levar!"

Quando você permite que pessoas e situações definam os resultados, e a resultante é decepção e frustração.

2. BARREIRAS EXTERNAS

1º) Pessoas podem nos paralisar?

Na verdade, as pessoas não são um problema, mas sim a maneira de nos relacionarmos com elas e nos deixarmos afetar por suas palavras e atitudes. Por exemplo, está no seu controle receber uma ofensa? Não. Mas se sentir ofendida? Sim. Quando eu entendo que não posso controlar o que o outro faz, mas o quanto pode me afetar, tudo fica mais simples e leve.

2º) Ambientes

Todos os ambientes são adaptáveis. Basta adotarmos um sistema de organização para torná-los funcionais.

3º) Situações inesperadas

Como aprendemos no capítulo sobre gestão emocional, precisamos, em momentos de pressão, diminuir o impacto dos ataques, aumentar a superfície e renovar as nossas forças no Senhor.

3. BARREIRAS ESPIRITUAIS

Precisamos desenvolver a capacidade de lidar com o desconhecido, pondo em prática o que conhecemos: princípios espirituais, armas espirituais, ter mentores espirituais e andar sob a cobertura de Deus.

Sabemos que Satanás veio para roubar, matar e destruir[1] e que ele anda, como um leão, rugindo ao nosso derredor, buscando a quem possa tragar.[2]

Sabemos também que temos armas poderosas de proteção, de defesa e de ataque:

---

[1] João 10.10.
[2] 1Pedro 5.8.

> *Por isso, vistam toda a armadura de Deus, para que possam resistir no dia mau e permanecer inabaláveis, depois de terem feito tudo. Assim, mantenham-se firmes, cingindo-se com o cinto da verdade, vestindo a couraça da justiça e tendo os pés calçados com a prontidão do evangelho da paz. Além disso, usem o escudo da fé, com o qual vocês poderão apagar todas as setas inflamadas do Maligno. Usem o capacete da salvação e a espada do Espírito, que é a palavra de Deus.* (Efésios 6.13-17)

Além disso, temos o jejum, a oração, o louvor, as ofertas e os votos.

Temos, também, cobertura no campo de batalha — a igreja:

Mateus 16.18 diz: "Eu digo que você é Pedro, e sobre esta pedra edificarei a minha igreja, as portas do Hades não poderão vencê-la".

A nossa conquista exige energia e força. Precisamos manter as baterias conectadas à fonte certa.

Lembre-se de que a fé é o combustível que nos faz ir além.

4. BARREIRAS FINANCEIRAS

Aprender a se relacionar com o dinheiro é um dos principais desafios que muitas mulheres enfrentam. Este é sempre um motivo de preocupação, causando descontrole e muitas vezes até desespero.

Mas quero que você entenda bem este princípio: dinheiro não é um fim, é um meio, um instrumento. Um recurso que utilizamos para suprir necessidades. Serve para nos ajudar a viabilizar propósitos.

Com a pandemia, o orçamento ficou mais curto. Ok, é verdade. No entanto, existem algumas medidas simples que podem ajudar você a sair do atoleiro de dívidas, como por exemplo:

— Recalcule a renda da família e todas as despesas — fixas e variáveis — e as dívidas, segundo a sua realidade. Lembre-se de que despesas fixas são: aluguel, condomínio, parcela de financiamento de moradia ou automóvel, mensalidade escolar, plano de saúde; despesas variáveis são: compras de supermercado, contas de gás, luz e telefone, combustível ou meios de transporte. Se as dívidas não couberem no seu orçamento, reduza os gastos variáveis e, quando possível, as despesas fixas. Se for necessário, faça ajustes no seu padrão de vida.
— Renegocie as suas dívidas, em vez de deixá-las acumular.
— Busque uma fonte de renda extra.
— Mantenha sempre os dízimos, as ofertas e os votos no altar.

*"Tragam o dízimo todo ao depósito do templo, para que haja alimento em minha casa. Ponham-me à prova", diz o S*ENHOR *dos Exércitos, "e vejam se eu não vou abrir as comportas dos céus e derramar sobre vocês tantas bênçãos que nem terão onde guardá-las. Impedirei que pragas devorem suas colheitas, e as videiras nos campos não perderão o seu fruto", diz o* SENHOR *dos Exércitos.* (Malaquias 3.10,11)

É muito precioso quando alguém entende no espírito o poder de entregar a Deus seus dízimos e ofertas! Este é o único versículo da Palavra em que Deus leva você a desafiá-lo: "Ponham-me à prova", ele diz. Ou seja, faça isso e veja se não vou abençoar você!

Esses princípios espirituais são essenciais e nos garantem a provisão, pois estamos cooperando para os propósitos de Deus. O Senhor só coloca sementes nas mãos de quem semeia.

5. BARREIRAS DO TEMPO

Quantos impedimentos criamos usando o tempo como desculpa?

Precisamos parar com isso e romper as seguintes barreiras:

1º) Quebrar a "Síndrome da Mulher de Ló"

> *Assim que os tiraram da cidade, um deles disse a Ló: "Fuja por amor à vida! Não olhe para trás e não pare em lugar nenhum da planície! Fuja para as montanhas, ou você será morto!" [...] Então o Senhor, o próprio Senhor fez chover do céu fogo e enxofre sobre Sodoma e Gomorra. Assim ele destruiu aquelas cidades e toda a planície, com todos os habitantes das cidades e a vegetação. Mas a mulher de Ló olhou para trás e se transformou numa coluna de sal. (Gênesis 19.17, 24-26)*

Essa mulher é aquela que está sempre com saudades do passado. Às vezes, até perde oportunidades de ser feliz porque não consegue enxergar nada de bom no futuro. Foi o que aconteceu com a mulher de Ló: no fundo, ela não queria sair daquela terra de pecado.

O que nos leva a ficar presos ao passado? Precisamos fazer essa reflexão e abandonar aquilo que nos impede de seguir em frente.

2º) Deixar de saudosismo

"Naquele tempo tudo era melhor, no meu tempo..."

Quem disse que o seu futuro não pode ser melhor do que o seu passado?

Para quem tem disposição, sempre há novas conquistas e novas alegrias.

3º) Nos livrarmos da culpa

"E se eu tivesse feito isso, e se eu tivesse feito aquilo...?"

Já ouviu aquela expressão "não adianta chorar sobre o leite derramado"? O jeito é limpar a sujeira, providenciar outro leite e tomar as medidas necessárias para que não haja mais desperdício.

O que você fez ou deixou de fazer no passado não importa mais. O que você vai fazer daqui para a frente é que interessa. Se você não está feliz com a realidade, precisa lutar para construir uma realidade melhor. Ficar parada, chorando e sentindo pena de si mesma definitivamente não vai levar você a lugar algum.

O que o apóstolo Paulo disse?

> *Irmãos, não penso que eu mesmo já o tenha alcançado, mas uma coisa faço: esquecendo-me das coisas que ficaram para trás e avançando para as que estão adiante, prossigo para o alvo, a fim de ganhar o prêmio do chamado celestial de Deus em Cristo Jesus.* (Filipenses 3.13,14)

4º) Romper a crença de que 24 horas é pouco

"Eu não tenho tempo, eu não tenho tempo..." Para muitas mulheres, esta é uma espécie de mantra. No entanto, quem quer achar tempo acha. A organização é a chave de tudo!

Elimine as distrações e aprenda a restabelecer as suas prioridades. Em outras palavras: Não perca mais tempo com o que não importa e que não ajudará você a alcançar os seus objetivos.

5º) Eliminar a crença de que "é tarde demais"

Quem disse que você passou da idade de fazer uma faculdade ou mudar de profissão? Nós não temos prazo de validade; muito menos estão vencidas as promessas de Deus para nós.

Calebe tinha 85 anos quando pisou na terra prometida. Veja bem, ele não chegou lá e já foi se instalando, mas precisou conquistar aquela terra, teve de lutar por ela.

Sabe qual foi a reação de Calebe quando chegou? Encarou a batalha com disposição e disse: "Tenho a mesma disposição que tinha quando saí do Egito, aos 40 anos de idade".[3]

E você? Como está a sua disposição para enfrentar as batalhas?

6. O MOVIMENTO PRODUZ TRÊS Ês

Quando avançamos, geramos três elementos fundamentais que garantem o nosso sucesso:

1º) Equilíbrio

Há uma frase de Albert Einstein que expressa muito bem o conceito que quero transmitir: "A vida é como andar de bicicleta: para ter equilíbrio, é necessário manter-se em movimento!".

Talvez hoje a sua vida esteja uma bagunça. Você precisa equilibrar vários pratos e o único recurso que tem são aquelas varetas. Como mantê-los em equilíbrio? Movimentando-se. Se você parar, certamente alguns vão cair.

2º) Energia

O que é vento? É o ar em movimento. E o que ele pode produzir? Energia.

A energia eólica é produzida a partir da força dos ventos e é gerada por meio de aerogeradores. Neles, a força do vento é captada por hélices ligadas a uma turbina que aciona um gerador elétrico. É uma energia abundante, renovável e limpa. O mesmo

---

[3] Josué 14.7-12.

princípio serve para as águas, que, em movimento, geram energia enquanto as águas paradas geralmente ficam podres, tornando-se até foco de doenças.

Deus não criou você para viver em cativeiro, ele quer que você se movimente. Você precisa sair do ninho, e voar mais alto!

3º) Expansão

> *"Cante, ó estéril, você que nunca teve um filho; irrompa em canto, grite de alegria, você que nunca esteve em trabalho de parto; porque mais são os filhos da mulher abandonada do que os daquela que tem marido", diz o S*ENHOR*. Alargue o lugar de sua tenda, não o impeça; estique suas cordas, firme suas estacas. Pois você se estenderá para a direita e para a esquerda; seus descendentes desapossarão nações e se instalarão em suas cidades abandonadas.* (Isaías 54.1-3)

O que significa alargar as estacas? Significa ampliar, expandir, crescer e multiplicar.

Débora, uma mulher à frente de seu tempo

Para encerrar este capítulo, voltemo-nos para Débora, uma mulher estrategista, guerreira, conquistadora, incansável e inabalável. Certamente, foi uma mulher que viveu experiências muito além do que viviam as mulheres de seu tempo.

Débora foi profetisa e a única juíza de Israel. Sua história está descrita no Livro de Juízes, nos capítulos 4 e 5. Ela liderou os israelitas contra o domínio de Canaã, por volta do século XII a.C.

Naquela época, não havia exército, armas, nem mesmo forças para lutar e se defender. O povo de Israel estava aterrorizado e apático, enquanto era invadido e atormentado. Débora então se levantou e, no exercício do seu ministério profético, conduziu o povo à vitória, rompendo toda forma de passividade.

Débora precisou vencer os preconceitos da época, que não eram poucos, e conciliar seus vários papéis. Só alguém com muita convicção, coragem e autoridade teria condições de enviar 10 mil homens para uma guerra contra um inimigo sabidamente mais forte.

A batalha foi intensa, mas a vitória foi conquistada. Debaixo da liderança de Débora, aqueles vinte anos de opressão chegaram ao fim.

> *Naquele dia, Deus subjugou Jabim, o rei cananeu, perante os israelitas. E os israelitas atacaram cada vez mais a Jabim, o rei cananeu, até que eles o destruíram.* (Juízes 4.23,24)

Você também é uma mulher guerreira! Deus não criou você para ser uma represa, para ficar parada, mas para ser uma fonte de águas que jorram e avançam.

7. VAMOS PRATICAR?

Para chegarmos ao nosso destino, precisamos ter uma boa jornada. E isso requer planejamento.

Eis alguns aplicativos e ferramentas que podem ajudar você na sua gestão de tempo e de projetos:

1ª) Técnica Pomodoro®

É um método de gerenciamento de tempo desenvolvido no final da década de 1980 por Francesco Cirillo, um universitário italiano.

A técnica consiste na utilização de um cronômetro para dividir o trabalho em períodos de 25 minutos, separados por breves intervalos.

Ela deriva seu nome da palavra italiana *pomodoro,* como referência ao popular cronômetro gastronômico na forma dessa fruta. O método é baseado na ideia de que pausas frequentes podem aumentar a agilidade mental.

O passo a passo:

1º) Listar

Crie uma lista de tarefas que precisa realizar, de acordo com a ordem de urgência.

2º) Cronometrar

Programe um cronômetro para 25 minutos.

3º) Trabalhar sem pausas

Da lista inicial, selecione uma tarefa para realizar primeiro e trabalhe nela sem quaisquer interrupções (é essencial não pausar a tarefa nesse período!).

4º) Pausa

Assim que os 25 minutos acabarem, faça uma pausa de 5 minutos, aproveitando esse tempo para fazer algo que a relaxe.

5º) Retomada

Depois do intervalo, retome as atividades por mais um *pomodoro*. Realize intervalos ao final de cada um.

6º) Pausa longa

Após quatro *pomodoros*, faça uma pausa mais longa — de 30 minutos — e, depois, recomece a tarefa.

7º) Tarefa concluída

Apenas ao terminar, risque a tarefa da lista inicial.

2ª) Matriz de Eisenhower (Matriz de gerenciamento de tempo)

Consiste na montagem de uma matriz de prioridades!

Esse método é dividido em quatro quadrantes:

— **O importante e o urgente:** O fundamental.

Ou seja: Faça imediatamente.

— **O importante, mas não urgente:** Tarefas que devem ser desenvolvidas em médio ou longo prazo.

Ou seja: Decida quando e como você vai fazer.

— **O urgente, mas não importante:** Como fazer ligações, responder mensagens e *e-mails* ou reuniões.

Ou seja: Você pode delegar.

— **O nem urgente, nem importante:** tarefas que estão na lista, mas podem esperar ou serem eliminadas.

Ou seja: Faça mais tarde, quando sobrar um tempinho.

Como distinguir o que é importante e o que é urgente?

IMPORTANTES são as tarefas relacionadas a objetivos ou metas, como um relatório mensal ou um projeto que precisa ser desenvolvido.

URGENTES são as tarefas que têm prazo, como marcar uma reunião ou fazer uma inscrição, têm uma data limite ou não acontecem mais (pelo menos, não da melhor maneira).

Às vezes, uma tarefa tem uma natureza dupla: um projeto que precisa ser entregue até terça-feira, por exemplo, é importante, e ganha urgência conforme essa terça-feira se aproxima.

O objetivo é que a lista esteja em constante mudança. Conforme você lida com as tarefas mais prioritárias, vai abrindo espaço para gerenciar as menos prioritárias e, no final, as tira da lista de afazeres.

Ao colocar aquilo que precisa fazer dentro de cada quadrante, você começa a enxergar quais são as maiores prioridades, o que você pode adiar e o que pode deixar para depois, ou mesmo deixar de lado.

Por ser um quadrado, dividido em quatro partes, isso pode ajudar na hora de dividir as tarefas e visualizá-las.

Dicas de aplicativos

Wunderlist/Superlist/Trello

Se você gosta de organizar todas as metas da família em listas, usar um aplicativo é o ideal. Esses aplicativos permitem que o usuário faça uma lista com todas as suas metas e insira anotações a respeito de cada uma delas.

Além disso, é possível definir o prazo de cumprimento de cada meta, o que pode nortear você durante o processo de planejamento dos sonhos.

Guiabolso

Esse aplicativo é excelente para calcular as suas despesas. Ele ajuda você a organizar os gastos do mês e a se planejar para o futuro.

8. ORAÇÃO

"Senhor Jesus, muito obrigada por todo o conhecimento que estou adquirindo durante esta jornada. Abra o meu entendimento cada dia mais para que eu possa avançar em todas as áreas da minha vida. Eu declaro que todas as barreiras internas, externas, espirituais, financeiras e de tempo estão vencidas na minha vida! Terei equilíbrio e energia para avançar, sem olhar para trás, na direção do melhor que está reservado para o meu futuro e da minha família! Amém!"

Neste capítulo você aprendeu a...

- Avançar independentemente da situação.
- Identificar e aproveitar as oportunidades que o Santo Espírito coloca diante de você.
- Tirar lições de seus erros.
- Encontrar equilíbrio entre corpo, alma e espírito.
- Enfrentar todas as barreiras e alargar suas estacas.

Atravessar o portal

CAPÍTULO 8

Tudo o que abordei com vocês até aqui nos preparou para o passo que vamos dar agora, que é decisivo na nossa jornada para sermos cada vez mais mulheres mais que vencedoras: vamos atravessar o portal. O que isso significa? É quando rompemos os nossos limites, mas de maneira positiva. Este é um momento muito importante; realmente um divisor de águas na sua vida.

É o que acontece, por exemplo, quando nos tornamos mães. Trata-se de uma experiência transformadora e definitiva; afinal, mãe, estando perto ou longe, nunca deixará de ser mãe. Sobre isso também posso falar com propriedade, pois Deus me abençoou com quatro filhos lindos. Quando nos tornamos mães, deixamos para trás um tipo de vida e passamos a viver uma nova realidade. Nunca mais teremos a mesma vida de antes, mas passamos a viver algo novo e maravilhoso.

Falando do ponto de vista espiritual, quando atravessamos o portal, passamos a viver também uma nova vida. Essa nova vida será guiada pelo Santo Espírito e implica ter novas atitudes. Como vemos em Romanos 6.4: "Portanto, fomos sepultados com ele na morte por meio do batismo, a fim de que, assim como Cristo foi ressuscitado dos mortos mediante a glória do Pai, também nós vivamos uma vida nova".

Andar em novidade de vida é abandonar definitivamente atitudes e conceitos que tínhamos antes de conhecermos a Jesus. Conhecer Jesus verdadeiramente implica transformação.

Ao estudar um pouco a vida de Jesus, veremos que o primeiro milagre dele neste mundo envolveu um processo de transformação — da água para o vinho —, que está em João 2.1-11. Jesus estava em uma festa de casamento, em Caná (na Galileia) quando o vinho acabou, o que representava uma grande vergonha para as famílias dos noivos. Jesus, então, transformou água em vinho, sendo o vinho proveniente da transformação muito superior aos que foram servidos anteriormente.

O que isso pode nos ensinar? Jesus quis nos mostrar que, quando começamos uma caminhada com ele, nunca mais voltamos à condição anterior. Temos sempre algo novo e melhor pela frente.

O meu objetivo é que você aprenda a sair de cada situação, boa ou ruim, muito melhor.

Conhecer Jesus verdadeiramente implica transformação.

A transformação, muitas vezes, ocorre nos momentos de maior necessidade, como foi o caso dessa festa de casamento em Caná da Galileia, na qual Jesus era apenas um convidado. No momento da crise, porém, ele estava presente e dominou a situação. Aquela festa estava fadada ao fracasso, pela falta de vinho, mas, naquele momento, aquele casal tomou a melhor decisão: deixar Jesus assumir o controle da situação. Sim, em vez de focar no problema, eles focaram na solução!

Talvez Jesus seja hoje para você um mero conhecido, alguém que você sabe que existe ou alguém distante que não faz parte da sua vida. Ou seja, você ainda não se entregou a ele para que ele a transforme.

Desejo que você saia da teoria e ative a sua fé por meio da prática, que você não somente contemple a glória de Deus, mas que a manifeste, em todas as áreas da sua vida.

Jesus tinha a solução para aquela situação, mas muitas vezes a solução não é da forma que imaginamos. Dificilmente, Deus vai nos guiar na solução dos nossos problemas da maneira que imaginamos; sempre será da maneira e no tempo dele.

Naquele casamento, Jesus esperou o vinho acabar antes de agir...

Na nossa vida, muitas vezes não somos poupadas de enfrentar o dia mal, e isso pode causar muitas mágoas de Deus, como comentamos no capítulo sobre o perdão. É importante você voltar a ler esse capítulo se ainda sentir necessidade de liberar perdão. Lembre-se de que estamos em um processo e seguindo etapas. Se você não tem mais mágoas em seu interior por ter enfrentado situações difíceis, então você está pronta para atravessar esse portal.

Outro ponto importante que podemos perceber nesse episódio de Jesus é que as pessoas que estavam no casamento obedeceram às ordens dele mesmo sem entender. Encheram os jarros de água mesmo sem entender qual era o objetivo de Jesus.

A obediência só acontece quando existe confiança.

No final, ao observarem, extasiados, que a água havia se transformado em um vinho único e muito melhor do que os anteriores, ficaram maravilhados. E assim é conosco: mesmo não compreendendo o que acontece, se confiarmos no Senhor, seremos transformadas. Depois de atravessarmos o portal, nos encontramos com a nossa melhor versão.

A obediência só acontece quando existe confiança. E precisamos de confiança no Criador para atravessar esse portal.

Um grande exemplo dessa transformação também aconteceu com Jó. Ao conhecermos sua história, contada ao longo do livro de Jó, percebemos que ele só teve estabilidade emocional quando desenvolveu um relacionamento profundo e amplo com Deus. Esse relacionamento foi se aperfeiçoando na dor. Só assim, em meio a tantas perdas, ele não sucumbiu. A história de Jó é uma das que mais admiro na Bíblia. Depois de uma longa jornada de transformação, Jó entende que nenhum dos planos de Deus pode ser frustrado.

> *Então Jó respondeu ao Senhor: "Sei que podes fazer todas as coisas; nenhum dos teus planos pode ser frustrado. Tu perguntaste: 'Quem é esse que obscurece o meu conselho sem conhecimento?' Certo é que falei de coisas que eu não entendia, coisas tão maravilhosas que eu não poderia saber. Tu disseste: 'Agora escute, e eu falarei; vou fazer perguntas, e você me responderá.' Meus ouvidos já tinham ouvido a teu respeito, mas agora os meus olhos te viram." (Jó 42.1-5)*

Atravessar o portal é enxergar diferente e consequentemente agir diferente! É assumir um novo formato... É renascer em Cristo!

Nós iniciamos este capítulo relembrando o milagre da transformação da água para o vinho. Há outra analogia que Jesus Cristo faz com esse mesmo elemento:

> *Nem se põe vinho novo em vasilha de couro velha; se o fizer, a vasilha rebentará, o vinho se derramará e a vasilha se estragará. Ao contrário, põe-se vinho novo em vasilha de couro nova; e ambos se conservam. (Mateus 9.17)*

Durante uma das nossas peregrinações em Israel, eu tive a oportunidade de ter nas mãos os modelos desses odres para fazer a comparação. Como são feitos de couro, com o passar do tempo, eles ressecam e perdem elasticidade e resistência. Quando colocamos o vinho novo em odres nessa condição, eles simplesmente se rompem. Já o odre novo, além de ser expansível, auxilia no processo de fermentação, deixando o vinho mais saboroso.

> Essa analogia nos deixa duas equações:
> **Vinho novo + odres velhos = desperdício**
> **Vinho novo + odres novos = transformação**

Em qual delas você se encaixa hoje?

Precisamos ter consciência de que cada fase da nossa vida exigirá de nós uma nova versão. E a minha mensagem para você é: só pode viver o novo quem se renova!

1. COMO VIVER A VERDADEIRA TRANSFORMAÇÃO?

O primeiro passo é ter consciência dessa necessidade e desejar passar por esse processo. Nada acontece quando nós não nos dispomos a mudar e a buscar transformação. Ninguém pode obrigar você a ser transformada; é você que deve realmente querer. E mais: tem que querer e saber que toda mudança implica um desconforto (ou até mesmo dor) inicial.

Mas eu sei que, se você chegou até aqui nesta leitura, é porque está buscando mudança.

Então vamos em frente!

Para atravessar o portal, é necessário aumentar o tamanho atual da roupa que usamos. Como assim?

Vamos pensar de uma maneira bem simples: as crianças geralmente têm suas roupas favoritas, não é verdade? E elas querem usá-las o tempo todo. Muitas, por exemplo, adoram dormir fantasiadas de super-heróis.

Eu mesma tinha um conjuntinho que, se pudesse, usava todos os dias. Mas houve o momento em que ele já não servia mais. Quando deixei de ser criança e passei para a adolescência, deixei de usar as roupas de criança. Ainda que eu comprasse um modelo maior, já não condizia com aquela fase da minha vida. Da mesma forma, não adianta tentarmos calçar um sapato que nos servia quando tínhamos 10 anos. Não servirá mais.

Atravessar o portal é deixar de ser criança para atingir a maturidade. É sair do trauma para viver o testemunho. É quando, em vez de fugir, decidimos encarar os problemas de frente e resolvê-los. Afinal, novos portais de desenvolvimento e responsabilidade estão diante de nós.

Existem pessoas que crescem no tamanho e envelhecem na idade, mas não amadurecem nos sentimentos nem nas atitudes. São eternas crianças emocionais e espirituais. Mas nossa evolução interna precisa acompanhar a externa. É assim que realmente amadurecemos.

> *Quando eu era menino, falava como menino, pensava como menino e raciocinava como menino. Quando me tornei homem, deixei para trás as coisas de menino.* (1Coríntios 13.11)

O apóstolo Paulo é um grande exemplo desse processo de amadurecimento. Depois que teve um encontro com Cristo, sua vida nunca mais foi a mesma. Você sabia que ele era um assassino e perseguidor de cristãos antes de ser transformado? Pois é... Após seu encontro com Jesus, porém, até seu nome foi mudado — de Saulo para Paulo. De perseguidor de cristãos, tornou-se um grande apóstolo e um dos principais evangelistas da história, autor de 1/3 do Novo Testamento.

Em Atos 9, você pode acompanhar o momento em que ele, de fato, atravessa o portal. Paulo enxerga uma luz e ouve a voz de Jesus. A partir daí, ele literalmente cai do cavalo e fica desacordado. Quando acorda, estava cego. Ao recuperar a visão, Paulo entende que teria que mudar de vida e que tudo aquilo que acreditou a vida toda, não era a verdade.

Paulo abriu os olhos para o futuro que Deus tinha para ele. Isso pode acontecer com você também.

Outro exemplo da Bíblia é Rute, já falamos dela anteriormente. Ela podia ter voltado atrás com a morte do marido, mas não quis abandonar o Deus que tinha conhecido com aquela família judia; tampouco queria abandonar a sogra. Rute foi fiel e não olhou para trás. Ela atravessou o portal em direção a Israel, e foi honrada com uma nova família e um lugar na genealogia de Jesus.

Podemos identificar 7 Dês que são essenciais para quem quer atravessar o portal:

1. Decisão
2. Disposição
3. Determinação
4. Disciplina
5. Dedicação
6. Dignidade
7. Doação

Agora pare um pouco e faça uma autoanálise: Quais dessas características você possui? Quais gostaria de desenvolver?

2. TUDO É UM PROCESSO

O livro de Gênesis nos mostra que Deus criou o universo em sete dias. Ou seja, o Senhor seguiu um "cronograma" e, assim, deu ordem ao caos. Ele trabalhou seis dias e descansou no sétimo e, no final, concluiu que o que tinha feito era muito bom. "E Deus viu tudo o que havia feito, e tudo havia ficado muito bom" (Gênesis 1.31).

Tudo o que Deus criou tem um propósito. Cada parte do nosso corpo, por exemplo, foi criada com um propósito. Somos um sistema integrado, uma engrenagem perfeita. Por isso, nunca pule etapas. Não busque atalhos. Conclua cada processo como uma "prova real".

A vida é feita de ciclos, fases e processos. Nascemos com a marca da criação e, no decorrer da nossa infância e da adolescência, passamos por processos de aprendizado, de evolução do nosso sistema cognitivo, do desenvolvimento da nossa capacidade de comunicação e das nossas potencialidades.

Como mãe, observo isso nos meus filhos. É lindo ver como eles descobrem o mundo quando pequenos, quando tudo é uma grande novidade! Um bebê aprende coisas novas a cada dia, assim como as crianças e até mesmo os adultos. Nunca paramos de aprender!

Na fase adulta, chega o momento de pormos tudo em prática. Precisamos encontrar a frequência certa para cada processo de desenvolvimento.

Como? Pesquisando, estudando, procurando apoio de pessoas (professores, mentores, pastores) que tenham mais facilidade nessas áreas e pondo em prática tudo o que aprendermos.

3. O PODER DA ALIANÇA

Para atravessar o portal, é necessário ter pleno autoconhecimento. Falamos disso no início da nossa jornada, mas sempre é bom lembrar: quem não sabe quem é não conhece sua identidade e não tem como avançar. Quando sabemos quem somos, também identificamos com quem queremos ter alianças.

Precisamos buscar ter uma vida estruturada e fundamentada, não somente para sermos realizadas e felizes, mas para fazermos parte de um propósito maior que a nossa existência.

O que é fazer parte de um todo? É ser igreja, ou seja, a noiva que Cristo vem buscar. Há dois princípios espirituais fundamentais que quero ensinar a você e que precisamos exercitar continuamente: comunhão e concordância.

> *Também digo que, se dois de vocês concordarem na terra em qualquer assunto sobre o qual pedirem, isso será feito a vocês por meu Pai que está nos céus. Pois onde se reunirem dois ou três em meu nome, ali eu estou no meio deles.* (Mateus 18.19,20)

Podemos resumir esses princípios em uma palavra: ALIANÇA!

O símbolo da aliança geralmente é o anel, que consiste em um círculo perfeito, ou seja, não sabemos onde começa ou termina. E como isso funciona na prática? Por exemplo, no casamento, não existe mais o que é melhor para mim ou o que é melhor para ele, mas o que é melhor para a família.

O dia do meu casamento foi um sonho realizado, me casei com o amor da minha vida! Os meus pais estavam ali para realizar a cerimônia, a igreja estava especialmente linda naquele dia. Eu me lembro de cada detalhe como se fosse hoje, mas o que mais me marcou foram as palavras ditas pela minha mãe com muita sabedoria: "Queridos, hoje, vocês estão estabelecendo uma aliança. Pode ser que, daqui alguns anos, vocês olhem para essa aliança e procurem muitos motivos para acabar com ela. Mas, se precisarem de apenas um bom motivo para continuar, vocês devem se lembrar do maior dos motivos, que é o amor".

Eu entendi que a aliança de amor é o maior motivo para continuarmos. Quando os pés se cansam, o amor verdadeiro nos carrega e continuamos caminhando, mesmo além das nossas forças.

O meu pai nos ministrou outras bênçãos naquele dia, mas uma palavra em especial ficou no meu coração: "Deus, quando nos formou, colocou em nós uma partícula de si que nunca poderá ser retirada, e essa partícula divina é o amor".

Em um casamento, os dois precisam estar comprometidos para que esse elo seja indestrutível e inabalável, e isso só é possível quando o nosso relacionamento está fundamentado em Jesus Cristo.

Deus deseja que sejamos mais de um, que estejamos em aliança para que possamos nos reerguer nos momentos difíceis. Veja o que diz Eclesiastes 4.9, 10 (*ACF*):

> *Melhor é serem dois do que um, porque têm melhor paga do seu trabalho. Porque se um cair, o outro levanta o seu companheiro; mas ai do que estiver só; pois, caindo, não haverá outro que o levante.*

As engrenagens precisam estar ajustadas para que o todo funcione bem; e Deus precisa fazer parte dessa aliança: "Um cordão de três dobras não se rompe com facilidade" (Eclesiastes 4.12).

Isso não vale apenas para os casamentos, mas para todas as alianças que estabelecemos ao longo da nossa vida com família, amigos, mentores, líderes espirituais.

Atravesse o portal do futuro com a cooperação. É na comunhão que conseguimos alcançar o crescimento do todo!

4. A MARCA DA EXCELÊNCIA

Excelência não é uma nota, mas uma postura interna. E como eu cheguei a essa conclusão? Com a Bíblia, que é o manual do fabricante.

Quem nunca quis tirar 10 na prova ou, de repente, alcançar o primeiro lugar do pódio em uma competição? Esses resultados, porém, não nos garantem satisfação plena. Só serão, de fato, consistentes quando não forem apenas fruto do nosso esforço, mas quando passarem a contribuir para o desenvolvimento da nossa essência, não apenas para massagear o ego.

Para mim, é impossível falar de excelência sem visitar todos os ensinamentos que o meu pai me trouxe ao longo da vida. Ele é meu maior exemplo de excelência em tudo que faz. Ele me ensinou que ter um espírito excelente é, em tudo, buscar fazer o melhor, não por vaidade, mas para o nosso crescimento como seres humanos. A notoriedade pode até ser uma consequência, mas nunca pode ser um fim.

A marca da excelência era uma das principais características de Daniel. E é importante notar que quem chegou a essa conclusão não foi ele, mas aqueles que o conheciam.

> *Existe um homem em teu reino que possui o espírito dos santos deuses. Na época do teu predecessor verificou-se que ele era um iluminado e tinha inteligência e sabedoria como a dos deuses. O rei Nabucodonosor, teu predecessor — sim, o teu predecessor — o nomeou chefe dos magos, dos encantadores, dos astrólogos e dos adivinhos. Verificou-se que esse homem, Daniel, a quem o rei dera o nome de Beltessazar, tinha inteligência extraordinária e também a capacidade de interpretar sonhos e resolver enigmas e mistérios. Manda chamar Daniel, e ele te dará o significado da escrita.* (Daniel 5.11,12)

O currículo de Daniel incluía solução de enigmas difíceis, interpretação de sonhos, inteligência, lealdade, honestidade, disciplina e sabedoria. Todos os elementos que formam um grande líder! Daniel atingiu uma posição de destaque e manteve-se ali por quatro reinados, por mérito e por reconhecimento, não por imposição.

Ter um espírito excelente não é a busca pela perfeição, mas pelo aperfeiçoamento, pelo aprimoramento, pelo desenvolvimento, pela expansão. Ter um espírito excelente é entregar, com os recursos que eu tenho disponíveis, o melhor resultado.

Por exemplo, o fato de só haver na minha despensa arroz, feijão e alguns temperos não significa que eu vou servir qualquer coisa para a minha família. Posso me dedicar para preparar o melhor. O arroz estará no ponto certo, os temperos estarão equilibrados, respeitarei todos os processos de cozimento para entregar um prato saboroso; tudo isso em uma mesa bonita e decorada. Mas, quando o que impera é o perfeccionismo, colocamos uma série de barreiras: "Se for para servir só arroz e feijão, é melhor nem preparar nada".

Além de roubar a nossa alegria, o perfeccionismo nos paralisa impondo-nos a barreira do medo. Quantas oportunidades você deixou de aproveitar pelo medo de ser julgada pelos outros? A quantas festas você deixou de ir pelo medo de ser alvo de comentários porque, de repente, você não teve condições de comprar um vestido novo? Quantos projetos você deixou de encabeçar pelo medo de ser alvo de comparações?

Sabe o que eu aprendi? É melhor o FEITO do que o PERFEITO.

Ninguém nasce sabendo cozinhar, por exemplo. Eu era um desastre na cozinha! Hoje, tenho muita prática e um grande repertório. Por quê? Em vez de desistir na primeira dificuldade, busquei me aperfeiçoar, a ponto de se transformar em uma das atividades que mais gosto de compartilhar com a minha filha.

Então, qual é o caminho que nos leva à excelência?

Reflita

➤ **Como posso fazer o que faço hoje melhor do que eu fiz ontem?**

_____
_____
_____

➤ **Como posso ser uma esposa melhor para o meu marido? Se não sou casada, como posso ser uma pessoa melhor para os mais próximos?**

_____
_____
_____

➤ **Como posso ser uma mãe melhor?**

_____
_____
_____

➤ **Como posso ser uma profissional melhor?**

_____
_____
_____

➤ **Como posso ser uma líder espiritual melhor?**

_____
_____
_____

Invista em atividades que agreguem conhecimento!

O fato de você já ter concluído a faculdade não significa que você deve deixar de estudar. Existem tantos cursos interessantes, e muitos hoje são *on-line* e de graça. Então, o que você está esperando?

Daniel prevaleceu, pois era fiel a Deus, aos seus princípios e à sua família. Em meio a tantas mudanças, ele não mudou! Guarde esses princípios no seu coração:

> Mas o fruto do Espírito é amor, alegria, paz, paciência, amabilidade, bondade, fidelidade, mansidão e domínio próprio. Contra essas coisas não há lei. (Gálatas 5.22,23)

5. EXEMPLOS PARA INSPIRAR VOCÊ

Há muitas mulheres da nossa história que atravessaram o portal e, por meio da inovação, nos deixaram um legado:

Grace Hopper

Também conhecida como "A Rainha da Computação"; "Rainha da Codificação"; "Almirante Grace"; "Vovó COBOL" e "Grande Dama do Software". Pode parecer um exagero, mas, para a mulher que programou o primeiro computador digital de larga escala e criou o primeiro compilador, os títulos parecem bem apropriados.

Hopper foi analista de sistemas da Marinha dos EUA entre as décadas de 1940 e 1950. Durante esse período, ela criou a linguagem de programação FLOW-MATIC, que foi a primeira linguagem adaptada para um idioma humano. Anos mais tarde, ela serviu de base para a criação da linguagem COBOL, em 1959. Além disso, Hopper foi designada para a equipe de Serviço de Computação Naval em Harvard. A intenção era de que essa máquina fosse capaz de fazer cálculos rapidamente para assuntos de guerra. Esse computador foi o famoso Mark I, da IBM, cuja responsável por sua programação foi Grace Hopper.

Ada Lovelace

Em 1843, Augusta Ada King, a Condessa de Lovelace, traduzia os textos de Luigi Menabrea, matemático italiano, sobre as ferramentas analíticas usadas por Charles Babbage, matemático inglês.

Esse trabalho derivativo resultou no que, para muitos especialistas, é o primeiro algoritmo criado na história, muito antes da existência de máquinas que pudessem processá-lo.

Mary Kay Ash, fundadora da Mary Kay Cosmetics

Depois de trabalhar como vendedora durante 25 anos, Mary Kay Ash decidiu escrever um livro para inspirar mulheres que estavam entrando no mercado de trabalho. O ano era 1963, e a presença feminina nas grandes empresas sofria uma competição injusta com o sexo masculino. Mary Kay relata que estava cansada de ver jovens com pouquíssima experiência serem promovidos antes dela pelo simples fato de serem homens.

A vendedora começou, então, a listar tudo o que considerava positivo e negativo nos lugares em que trabalhou, em relação às mulheres no ambiente corporativo. Quando terminou, percebeu que tinha em mãos os ingredientes de planejamento de marketing para criar a "empresa dos sonhos" das mulheres.

Mary Kay juntou todas as suas economias, um total de US$ 5 mil, e fundou a Mary Kay Cosmetics. Hoje a marca fatura US$ 2,5 bilhões por ano.

E na Bíblia? São muitas!!!

Várias mulheres que atravessaram o portal e nos deixaram um legado. Vamos relembrar algumas delas:

- **Maria:** deu à luz Jesus, o nosso Senhor e Salvador.
- **Isabel:** deu à luz João Batista, aquele que anunciou a vinda do Messias e o batizou.
- **Loide e Eunice:** respectivamente, mãe e avó de Timóteo, filho espiritual do apóstolo Paulo, a quem ele endereçou duas de suas cartas.
- **Dorcas:** discípula fiel de Jesus, conhecida pela dedicação em favor dos pobres, a ponto de costurar túnicas e vestidos para viúvas necessitadas.
- **Filha de Jairo:** um milagre de ressurreição com apenas 12 anos, que nos lembra do poder da oração intercessora dos pais.
- **A mulher do fluxo de sangue:** havia passado 12 anos enferma e, em uma atitude ousada, toca no manto de Jesus e é curada.

6. VAMOS PRATICAR?

A MARCA DA EXCELÊNCIA

Transmita o seu legado!

Faça uma lista com as suas melhores práticas em cada uma dessas áreas e transmita esse conhecimento a outras mulheres e, claro, aprenda com elas também!

Lembre-se de que você não é uma represa, mas uma fonte a jorrar para a eternidade!

7. ORAÇÃO

"Santo Espírito, hoje eu atravesso este portal para viver um novo tempo na minha vida. Não vou mais olhar para trás nem tomar atitudes que costumava tomar anteriormente! Vou romper os meus limites, viver uma verdadeira transformação. Quero aprender com o Senhor, me aperfeiçoar e crescer em todas as áreas da minha vida. Em nome de Jesus! Amém!"

Neste capítulo você aprendeu a...

- Romper os seus limites.
- Chegar ao primeiro passo da transformação: querer mudar.
- Procurar apoio e ajuda daqueles que já atravessaram o portal.
- Dar importância à comunhão.
- Desenvolver-se e buscar excelência, não por ego, mas por essência.

+QV

Forças vitais

CAPÍTULO 9

Somos seres complexos, formados por corpo, alma e espírito. O apóstolo Paulo nos fala disso em 1 Tessalonicenses 5.23,24: "Que o próprio Deus da paz os santifique inteiramente. Que todo o espírito, a alma e o corpo de vocês sejam preservados irrepreensíveis na vinda de nosso Senhor Jesus Cristo." Ou seja, nosso "eu" só está completo quando essas três partes estão equilibradas e consagradas a Deus.

Vejo mulheres que querem apenas cuidar do corpo, da aparência, e deixam de lado a área espiritual, por exemplo. Outras, buscam a Deus, mas são dominadas pelas emoções (que estão na alma). Muitas, infelizmente, deixam o corpo de lado, como se a saúde não tivesse importância e acabam acumulando problemas sérios por isso.

Para viver uma vida plena e vitoriosa, precisamos ter noção de que todas essas partes precisam estar integradas. Sabendo que fomos criadas à imagem e semelhança de um Deus de amor; por isso, temos de buscar esse equilíbrio diário em tudo que fazemos.

Existem cinco forças vitais fundamentais na nossa caminhada cristã que nos ajudam a alcançar esse equilíbrio: louvor, doação, gratidão, meditação e posicionamento. Neste capítulo, quero falar sobre elas e mostrar a você como manejar essas forças a levará a uma vida muito melhor.

Antes disso, porém, vamos entender melhor como funciona essa história de corpo, alma e espírito.

1. O SER HUMANO INTEGRAL

O Senhor nos criou com corpo (físico), alma (emoções, sentimentos, como interagimos com o mundo) e espírito (que é nossa essência, aquilo que nos conecta e nos faz interagir com Deus). As três partes existem desde a concepção, mas obviamente passam por mudanças ao longo da nossa vida.

Quando renascemos no espírito, aceitando que Jesus é nosso Senhor e Salvador, acontece essa reconexão com o Espírito de Deus. É isso que vemos Jesus explicar a Nicodemos em João 3.6,7: "O que nasce da carne é carne, mas o que nasce do Espírito é espírito. Não se surpreenda pelo fato de eu ter dito: É necessário que vocês nasçam de novo."

Aquele que está desconectado de Jesus, que não o aceita como Salvador, está morto espiritualmente.

O desejo de Deus é que você tenha uma vida em equilíbrio total e integral, que as suas forças vitais sejam estimuladas pelo Santo Espírito e que você tenha vida em abundância em Cristo Jesus.

Jesus nos alerta que o Diabo vem para sugar a nossa vida, mas que ele quer que vivamos uma vida em abundância: "O ladrão vem apenas para roubar, matar e destruir; eu vim para que tenham vida e a tenham plenamente" (João 10.10).

2. PRESSÕES: INFLUÊNCIAS SOBRE A ALMA

A alma é o centro das nossas emoções. É por isso que a Palavra de Deus nos fala que o coração é enganoso (Jeremias 17.9,10): "O coração é mais enganoso que qualquer outra coisa e sua doença é incurável. Quem é capaz de compreendê-lo? Eu sou o Senhor que sonda o coração e examina a mente, para recompensar a cada um de acordo com a sua conduta, de acordo com suas obras."

Deus quer nos ensinar que nem tudo o que estamos desejando, mesmo que "de todo coração" e com a melhor das intenções, representa o plano de Deus para nós. Temos a tendência de agir de acordo com as emoções e de nos deixar levar pelos sentimentos. Mas as nossas emoções estão sempre sob ataque; ou seja, somos influenciadas por vários fatores internos e externos e pressões do ambiente em que vivemos.

Desenvolvemos o hábito de "seguir o coração". Como isso poderia dar errado, não é mesmo? Infelizmente devo dizer a você que muitas vezes é o que acontece. Quando o coração orientar você a fazer algo, antes de seguir adiante, pergunte se aquela também é a vontade do coração de Deus. Será que é mesmo?

A Bíblia diz que Davi era um homem "segundo o coração de Deus". Isso quer dizer que suas emoções, ou seja, sua alma, era governada pelo Santo Espírito e que ele se submetia à vontade de Deus, mesmo que isso contrariasse sua própria vontade.

Quando Davi se deixou levar pelas emoções, ele sofreu muito. Ele cometeu adultério com uma mulher casada, Bate-seba, e ainda mandou matar o marido dela. Mais tarde, ao ser confrontado pelo profeta Natã, reconheceu seu erro. Uma vez que seu arrependimento foi verdadeiro, ele voltou a se reconectar com Deus. Mesmo assim, encarou as consequências daquele ato para o resto da vida (2Samuel 11-12).

Entendamos melhor do que se trata a alma. Na Bíblia, "alma" é a tradução do termo hebraico *néfesh* e do grego *psykhé*. A alma é o fôlego de vida e de interação no ambiente terreno que o ser humano possui. Na realidade, a nossa alma é resultado de reações químicas e físicas do nosso organismo, sendo influenciada pelo meio exterior (mundo) e interior (espírito). Como assim? Veja, sempre temos uma escolha a fazer: podemos reagir emocionalmente a um ataque pessoal — agredir alguém com palavras, por exemplo — ou podemos agir espiritualmente e orar pela pessoa.

Vejo pessoas que confundem alma com espírito, pois para muitos a alma significa a parte imaterial do ser humano que sobrevive à morte do corpo físico. No entanto, é o espírito, não a alma, que sobrevive à morte espiritual, se estiver verdadeiramente conectado com Deus.

Veja o que diz Jó 12.10: "Em sua mão está a vida de cada criatura e o fôlego de toda a humanidade".

Muito complicado? Vou simplificar: quando morremos, o corpo físico morre. Voltamos ao pó, como diz a Palavra, porque o corpo acaba. Ele tem um início, na concepção, e um final, na morte. Já a alma é aquilo que nos define e gera um relacionamento com este mundo: sentimentos, emoções, intelecto. O que também é passageiro.

O espírito, porém, quando conectado com Deus, não morre nunca! Quando aceitamos que Jesus é nosso Salvador, o nosso espírito passa a ter vida eterna. Caso contrário, ele estará condenado a uma separação eterna de Deus, o que significa dizer que morre espiritualmente. Por isso, cremos que o homem só vive uma única vez, como está em Hebreus 9.27: "Da mesma forma, como o homem está destinado a morrer uma só vez e depois disso enfrentar o juízo [...]."

A vida é uma benção maravilhosa, única! Fomos formadas por Deus e amadas por ele desde o ventre materno de uma maneira muito especial. Deus nos conhece individualmente, nos ama como Pai e tem planos promissores para o nosso futuro. Seu desejo é que estejamos em comunhão com ele para sempre, até a eternidade.

3. A INFLUÊNCIA DO MUNDO ESPIRITUAL

Não se iludam, o mundo espiritual não é composto de um vácuo ou vazio. Nem é ocupado por espíritos do bem, os anjos do Senhor, ou ocupado por espíritos malignos.

O mundo espiritual está ao nosso redor, e isso independe de você acreditar ou não. Há uma luta travada nas regiões celestiais, descrita em Efésios 6.12 (*ARA*):

> *Porque a nossa luta não é contra o sangue e a carne, e sim contra os principados e potestades, contra os dominadores deste mundo tenebroso, contra as forças espirituais do mal, nas regiões celestes.*

O que isso quer dizer? Que não adianta nos revoltarmos com as pessoas que nos agridem, pois elas são apenas instrumentos usados para nos atacar. Muitas vezes, deixamos que as emoções nos atropelem e brigamos, discutimos e até reagimos de forma violenta. Deixamos que os espíritos malignos nos manipulem para causar ainda mais divisão e briga.

O Diabo manipula as nossas emoções por meio de pessoas que nos atacam e nos agridem. Muitas vezes até mesmo por pessoas próximas ou da nossa família. Outro alerta importante: o campo de batalha do Inimigo está na mente, sabia disso? Ele faz de tudo para manipulá-la, porque dessa forma pode nos oprimir.

Satanás não pode saber o que você pensa, só o Santo Espírito sabe, mas ele "sopra" coisas no seu ouvido por meio das pessoas que estão à sua volta e fica esperando você acreditar nelas. Sim, ele é bem esperto e não pode ser subestimado. Por isso, não aceite provocações nem repita malignidades contra a sua própria vida.

Vou dar um exemplo; alguém diz: "Você nunca vai encontrar alguém que ame você, nunca vai se casar, porque tem um 'gênio' ruim". Ao ouvir isso, você passa a dizer: "Ah, eu nunca vou me casar porque sou ruim demais." Pronto, a semente do Diabo foi plantada, e você caiu na armadilha! Em vez de repetir a maldição, profetize a bênção: "Eu vou casar sim, porque eu quero e porque Deus tem essa promessa para a minha vida! Eu não sou uma pessoa ruim, mas uma mulher amada por Deus que quer ser aperfeiçoada a cada dia mais".

Lembre-se sempre de uma coisa: Jesus já venceu todas as guerras. Ele veio ao mundo como homem, viveu entre nós por 33 anos, morreu e ressuscitou. Ele venceu a morte. Jesus não precisa vencer nenhuma batalha, porque já venceu todas. Ele é "mais que vencedor" e entregou essa vitória nas mãos da sua igreja.

Mas então, quem precisa lutar e vencer guerras? Pois é, eu e você, todos os dias. Por isso, Jesus está ao nosso lado, para nos levar à vitória nas nossas batalhas. Entendeu a diferença? É como se ele desse a você uma procuração da vitória que ele já conquistou.

Eis o que está escrito em Colossenses 2.15: "e, tendo despojado os poderes e as autoridades, fez deles um espetáculo público, triunfando sobre eles na cruz".

Por isso, não tenha medo do mundo espiritual. Posso dizer isso a você com toda a convicção de quem já venceu muitas batalhas com Jesus. Nenhuma guerra, nenhum problema, nenhum desafio que você esteja atravessando é grande demais para ele.

4. SENTIMENTOS QUE TRAZEM PRESSÕES E OPRESSÕES

Tratemos de algumas pressões e opressões que nos afligem em nosso dia a dia. São sentimentos malignos que nos tiram do foco, nos desequilibram e nos tornam mais suscetíveis aos ataques inimigos:

1º) Ansiedade

Esse sentimento é terrível. Quantas mulheres vêm a mim perguntando o que fazer para conter a ansiedade. O pior é que muitas extravasam comendo demais, comprando demais, trabalhando ou dormindo demais. Pare e pense um pouco: tenho certeza de que você já passou por algum momento assim. E certamente se arrependeu depois.

Muitas vezes, agimos como Ana, a mãe de Samuel, que, pressionada para agradar a todos, se esquecia de si mesma; sem perceber, afastava-se cada vez mais do marido que a amava. Ela desejava muito ter um filho — um desejo legítimo — e não conseguia. No entanto, pelo excesso de ansiedade, agiu de forma descontrolada e desesperada.

Quando entendeu que precisava confiar em Deus, a ansiedade passou, e ela conseguiu alcançar seu objetivo. Veja o que o apóstolo Pedro diz em 1Pedro 5.7: "Lancem sobre ele toda a sua ansiedade, porque ele tem cuidado de vocês".

Temos de reagir aos estímulos negativos da alma por meio de uma renovação da mente, pois alma é sentimento, mas também é razão. As lutas que você enfrenta não são maiores que as forças que Jesus depositou na sua vida: "Não andem ansiosos por coisa alguma, mas em tudo, pela oração e súplicas, e com ação de graças, apresentem seus pedidos a Deus" (Filipenses 4.6).

2º) Medo

A mente humana é suscetível ao medo, que nada mais é do que um sentimento de preservação e sobrevivência; faz parte das nossas reações, até certo modo, instintivas. Contudo, quando deixamos que os medos nos dominem, somos paralisadas. O Inimigo usa e abusa do medo para nos intimidar e paralisar. O medo nos cega e aprisiona.

"O que eu temia veio sobre mim; o que eu receava me aconteceu" (Jó 3.25). É incrível como esse versículo é verdadeiro! Por isso, pare de ficar repetindo desgraças ou temendo fantasmas! Ao criar situações de pânico na sua cabeça você corre o risco de fazer com que elas passem realmente a existir.

E o que nos liberta desse medo? O amor de Jesus. Veja o que está escrito em 1João 4.18: "No amor não há medo; ao contrário, o perfeito amor expulsa o medo, porque o medo supõe castigo. Aquele que tem medo não está aperfeiçoado no amor".

Esse amor nos dá segurança e um conforto maravilhoso. Não há nada nem ninguém que possa fazer mal a você quando está certa disso.

3º) Amargura

Não existe nada pior do que uma pessoa amarga e atormentada. É aquela mulher que enxerga tudo pelo lado negativo, que não consegue ver bênção em nada. Mesmo quando acontece algo bom, a pessoa consegue pensar em uma possível consequência ruim. Você conhece alguém assim?

Na história de Rute, sua sogra chega a pedir que a nora passe a chamá-la de Mara (que quer dizer "águas amargas"), por causa da amargura que sentia:

> *Prosseguiram, pois, as duas até Belém. Ali chegando, todo o povoado ficou alvoroçado por causa delas. "Será que é Noemi?", perguntavam as mulheres. Mas ela respondeu: "Não me chamem Noemi, melhor que me chamem de Mara, pois o Todo-poderoso tornou minha vida muito amarga!"* (Rute 1.19,20)

Noemi tinha perdido o marido e os dois filhos; o sofrimento dela era legítimo! Mas Deus não queria que ela entregasse os pontos. Como sabemos, com a ajuda de Rute, ela teve sua vida restaurada e pôde ter alegrias ainda em sua velhice.

Existem vários exemplos na Bíblia, como a história da mulher sunamita (2Reis 4.8-28), que não podia ter filhos e isso a levou a um estado de depressão. Ela deixou a amargura tomar conta da sua vida, dominar suas atitudes e deixou de acreditar nas profecias.

Mas o profeta Eliseu decidiu abençoá-la com uma palavra de vida, e ela viveu seu milagre.

Se você deixar, a amargura vai crescer e criar raízes no seu coração, mas não é isso o que Jesus deseja. Entenda que Deus pode curar você e se abra para isso!

> *Foi para o meu benefício que tanto sofri. Em teu amor me guardaste da cova da destruição; lançaste para trás de ti todos os meus pecados.* (Isaías 38.17)

4º) Acusações

Admita: é bem mais fácil enxergarmos os erros dos outros do que assumirmos os nossos.

Procuramos sempre os defeitos dos outros, apontamos erros e fazemos julgamentos pré-concebidos (baseados em preconceitos), mas temos dificuldade em reconhecer quando estamos errados.

Jesus nos ensinou a esse respeito, como vemos em Mateus 7.1-5:

> *Não julguem, para que vocês não sejam julgados.*
> *Pois da mesma forma que julgarem, vocês serão julgados; e a medida que usarem, também será usada para medir vocês.*
> *Por que você repara no cisco que está no olho do seu irmão, e não se dá conta da viga que está em seu próprio olho?*
> *Como você pode dizer ao seu irmão: 'Deixe-me tirar o cisco do seu olho', quando há uma viga no seu?*
> *Hipócrita, tire primeiro a trava do seu olho, e então você verá claramente para tirar o cisco do olho do seu irmão.*

Acusar é uma das principais tarefas do Diabo, por isso não seja mais um instrumento nas mãos dele. Deixe que o Senhor tome conta da situação.

5º) Ciúmes

Sentir ciúmes de uma forma exagerada e obsessiva é uma das piores reações dos seres humanos. E isso é muito comum! Entre as mulheres que eu aconselho, é um caso recorrente. Vigiam o marido ou namorado como "cão de guarda", fazem da vida do homem um verdadeiro inferno. E adianta? Claro que não!

E não é só o caso de relacionamentos amorosos. Existem pessoas que têm ciúmes do pai, da mãe, dos irmãos, dos filhos, das amigas! É uma loucura, um sentimento de possessividade misturado com carência afetiva e problemas de rejeição.

No livro de Gênesis, a Palavra nos mostra que Raquel, a esposa que Jacó mais amava, tinha tanto ciúme da irmã, que desejou morrer:

> *Quando Raquel viu que não dava filhos a Jacó, teve inveja de sua irmã. Por isso disse a Jacó: "Dê-me filhos ou morrerei!" Jacó ficou irritado e disse: "Por acaso estou no lugar de Deus, que a impediu de ter filhos?".* (Gênesis 30.1,2)

Raquel era a amada de Jacó, ele já havia pagado um preço de 14 anos de trabalho para tê-la como mulher, ainda assim ela se deixava levar por aquele sentimento maligno.

Cuidado com o excesso de ciúmes, pois ele é muito destrutivo! Busque equilíbrio, acredite mais em você mesma. Lembra do autoconhecimento? Você sabe quem é? Se respondeu que é filha de Deus, amada, não tem motivos para deixar que esses sentimentos malignos a atormentem mais.

5. CINCO FORÇAS VITAIS DA NOSSA VITÓRIA

Agora que já abordamos o que pode nos tirar do equilíbrio vital, vamos falar daquilo que regula o corpo, a alma e o espírito.

São cinco forças vitais que quero apresentar a você e que a ajudarão a se livrar das pressões e opressões deste mundo: louvor, doação, gratidão, meditação e posicionamento.

1º) Louvor

Louvar a Deus em todas as situações da vida é um dos segredos espirituais mais profundos que aprendi. Cresci ouvindo a minha mãe louvar, dirigir louvor, ministrar cantores e músicos. O meu pai sempre compôs letras de canções maravilhosas!

Temos vivido isso ao longo dos anos como família e com experiências incríveis do Renascer Praise. Ao longo dos seus 25 anos de existência, o grupo já reuniu grandes cantores, instrumentistas, orquestras e um coral de 12 mil vozes. Levou multidões à adoração nos Estados Unidos, França, Itália, entre outros países da Europa e do continente africano. Foi o primeiro ministério de louvor a gravar um DVD a céu aberto em Israel.

O Renascer Praise influenciou a música evangélica tradicional brasileira ao agregar diversos ritmos musicais, desde o rock ao axé, e ao introduzir ministrações em cada música. Contudo, mais do que todo esse reconhecimento, os louvores do Renascer Praise nos proporcionam experiências únicas com Deus. São momentos profundos de adoração, que começam desde o processo de composição e ensaios para gravações e que depois se reproduzem na vida das pessoas em diversos testemunhos.

Quando louvamos a Deus, conectamos o nosso espírito com o Santo Espírito. A Palavra diz que Deus habita em meio aos louvores; portanto, eles curam, libertam e transformam! Veja o que diz Salmos 150.1-6:

Aleluia!

Louvem a Deus no seu santuário, louvem-no em seu magnífico firmamento.

Louvem-no pelos seus feitos poderosos, louvem-no segundo a imensidão de sua grandeza!

Louvem-no ao som de trombeta, louvem-no com a lira e a harpa,

louvem-no com tamborins e danças, louvem-no com instrumentos de cordas e com flautas,

louvem-no com címbalos sonoros, louvem-no com címbalos ressoantes.

Tudo o que tem vida louve o Senhor!

Aleluia!

O louvor é uma força vital sobrenatural que muda os nossos pensamentos e move o mundo espiritual.

Aqui está um grande segredo: nos dias em que você não estiver bem, ou acordou triste, ou está cansada e desanimada: adore! Comece a cantar e a adorar, e você verá como tudo se transforma. Isso funciona muito nos momentos de tristeza e de angústia também. Muitas vezes, ao longo da minha vida, quando não tinha forças nem para orar, eu apenas louvava. E isso mudou a minha história.

A Bíblia é cheia de exemplos de adoração. Os salmos são, em sua maioria, canções de louvor a Deus, especialmente os que foram compostos por Davi. Ele até mesmo costumava entoá-los ao Senhor tocando harpa.

Um dos cânticos mais lindos que encontramos na Bíblia é o de Ana, que ela entoa como gratidão após o nascimento de Samuel (1Samuel 2.1-10). Débora também louva ao Senhor após derrotar os inimigos de Israel (Juízes 5).

O louvor é arma de guerra!

Convido você a experimentar o poder dessa arma espiritual na sua vida.

2º) Doação

A doação é outra força vital poderosa, baseada em amor. Deus é amor e nos entregou — ou seja, doou — seu único filho, Jesus, para que fossemos salvos: "Porque Deus tanto amou o mundo que deu o seu Filho Unigênito, para que todo o que nele crer não pereça, mas tenha a vida eterna" (João 3.16). "Ninguém tem maior amor do que aquele que dá a sua vida pelos seus amigos" (João 15.13).

Quando doamos, movemos o mundo espiritual e somos abençoados por Deus, como está em Atos 20.35: "Em tudo o que fiz, mostrei a vocês que mediante trabalho árduo devemos ajudar os fracos, lembrando as palavras do próprio Senhor Jesus, que disse: 'Há maior felicidade em dar do que em receber'.".

3º) Gratidão

A gratidão é outra poderosa força vital, pois toca e move o coração de Deus e dos homens ao nosso favor.

Ana, prima de Maria, aprendeu o segredo de ser grata a Deus em tudo, não por tudo. Ela pôde ver realizada a vontade de Deus, de receber a sua manutenção e provisão como viúva. Pôde viver os sonhos de ver Cristo, Jesus, filho de sua prima Maria.

A gratidão não pode ser apenas um sentimento, mas deve ter efeito prático. As ações de graça devem atuar como propaganda do amor de Deus.

Se cair uma pedra na minha cabeça, é claro que não vou dizer: "Obrigada, Senhor, por essa pedra ter caído na minha cabeça", mas, sendo grata, posso dizer: "Obrigada, Senhor, pois nessa situação, de ter caído uma pedra na minha cabeça, eu saí ilesa".

> *Deem graças em todas as circunstâncias, pois esta é a vontade de Deus para vocês em Cristo Jesus.* (1Tessalonicenses 5.18)

A gratidão não pode ser apenas um sentimento, mas deve ter efeito prático. As ações de graça devem atuar como propaganda do amor de Deus.

A gratidão abre as portas para o futuro!

Por isso, tenha um coração grato. Agradeça a Deus por tudo que você já alcançou até aqui, e novas portas se abrirão.

4º) Meditação

Meditação virou moda. A gente vê um monte de coisas por aí: cursos, livros, métodos... Não quero menosprezar o conhecimento de ninguém, mas sei que muitos processos levam as pessoas para uma série de divagações vazias e sem sentido que não levam a lugar nenhum.

Meditar não é só pensar em algo de maneira específica; é usufruir de uma força vital que traz renovação aos sentimentos.

E em que devemos meditar?

O que quero propor aqui é que você medite na Palavra de Deus, nas coisas boas que ele tem para sua vida.

"Finalmente, irmãos, tudo o que for verdadeiro, tudo o que for nobre, tudo o que for correto, tudo o que for puro, tudo o que for amável, tudo o que for de boa fama, se houver algo de excelente ou digno de louvor, pensem nessas coisas" (Filipenses 4.8). Ou seja, você deve pensar em tudo o que acrescentar coisas boas à sua vida e que esteja de acordo com a vontade de Deus.

A meditação em nível espiritual, em nível apostólico, é que gera a transformação da mente. Busque na Palavra e em oração quais são os pensamentos e direções de Deus para a sua vida.

> *Pois os meus pensamentos não são os pensamentos de vocês, nem os seus caminhos são os meus caminhos", declara o Senhor. "Assim como os céus são mais altos do que a terra, também os meus caminhos são mais altos do que os seus caminhos; e os meus pensamentos, mais altos do que os seus pensamentos.* (Isaías 55.8,9)

A meditação, além de uma força espiritual poderosa é o caminho para as suas maiores conquistas, para o seu grande sucesso.

> *Ao contrário, sua satisfação está na lei do Senhor, e nessa lei medita dia e noite. É como árvore plantada à beira de águas correntes: Dá fruto no tempo certo e suas folhas não murcham. Tudo o que ele faz prospera!* (Salmos 1.2,3)

5º) Posicionamento

Você já deve ter ouvido falar que "a fé sem obras é morta",[1] certo? O primeiro pensamento que nos vem à mente é que devemos ter atitudes de assistência social, mas é muito mais do que isso.

O nosso posicionamento é uma poderosa força vital que nos impulsiona na caminhada. É a fé posta em prática, é a famosa lei da

---

[1] Tiago 2.26.

semeadura, segundo a qual tudo o que o homem plantar ele colherá, como está em Hebreus 11.11:

> Pela fé Abraão — e também a própria Sara, apesar de estéril e avançada em idade — recebeu poder para gerar um filho, porque considerou fiel aquele que lhe havia feito a promessa.

Nosso posicionamento deve ter a marca da aliança, da lealdade e da fidelidade, pois foi assim que Rute e Noemi venceram a má fase; é o que nos traz habilitação para sermos mais que vencedoras. O que Deus espera de nós é um posicionamento de comunhão para que alguns que não estão vencendo vejam em nós essa possibilidade e tomem posicionamentos de fé para vencer também.

6. VAMOS PRATICAR?

Vamos ativar as forças vitais? Proponho a você um desafio:

Ao longo de uma semana, você vai aplicar os 5 princípios da força vital na sua vida:

- Louvor: ouça um louvor diferente por dia e busque mais o Senhor neste momento.
- Doação: faça uma lista do que você precisa doar. Não se limite a coisas materiais. Você precisa doar tempo aos que precisam de ajuda ou a alguém da sua família? O que você pode doar? Reflita sobre isso.
- Gratidão: escolha um motivo diferente para agradecer a Deus todos os dias. Ore agradecendo por esse motivo!
- Meditação: aproveite que estamos lendo o livro de Salmos e escolha 1 salmo por dia para meditar. Como o texto se aplica à sua vida?

- Posicionamento: ponha a sua fé em prática. Como? Escolha três exemplos e os pratique de fato.

7. ORAÇÃO

"Santo Espírito, obrigada por me teres ensinado que posso usar essas incríveis forças vitais no meu dia a dia. Desejo pôr isso em prática cada dia mais. Quero louvar mais, aprender a ter um coração doador, ser grata por tudo o que tenho e por todas as minhas promessas! Também quero meditar mais na tua Palavra e aprender a exercer esse posicionamento de fé, trazendo à existência tudo aquilo que o Senhor tem para mim, em nome de Jesus! Amém!"

Neste capítulo você aprendeu a...

- Estimular as forças vitais fundamentais para alcançar equilíbrio: Louvor, Doação, Gratidão, Meditação e Posicionamento.
- Conectar-se a Jesus para ter vida em abundância.
- Desejar os sonhos de Deus para você.
- Lutar todas as batalhas ao lado de Jesus, pois ele já venceu a morte e é mais que vencedor.
- Reconhecer que você é filha de Deus e, por isso, nenhum sentimento maligno pode atormentar você.

Mindset vencedor

CAPÍTULO 10

> *A maioria das coisas importantes no mundo foi realizada por pessoas que continuaram tentando quando parecia não haver esperança.*
>
> (Dale Carnegie, escritor e orador norte-americano)

Mais de uma dezena de livros são lançados todos os anos para ajudar pessoas a usar a mente em seu favor e não contra elas. Se pegarmos a lista dos 10 livros mais vendidos durante a quarentena devido à pandemia por Covid-19 em todo o mundo, por exemplo, oito são exatamente nessa linha. Entre eles, destacam-se: *Os segredos da mente milionária* (T. Harv Eker), *O milagre da manhã: o segredo para transformar sua vida (antes das 8 horas)* (Hal Elrod), *O homem mais rico da Babilônia* (George S. Clason) e *Mindset: a nova psicologia do sucesso*, de Carol Dweck. Esse último já vendeu mais de 4 milhões de exemplares. A partir dele, a palavra *mindset* adquiriu nova coloração e passou a significar muito mais que mentalidade, passou a ser uma configuração mental a ser desenvolvida.

A autora Carol Dweck, professora das universidades de Columbia e Stanford, consagrou-se depois de publicar as conclusões de sua pesquisa, que procurou revelar como as pessoas lidam com o fracasso. Para embasar sua pesquisa, entregou a várias crianças uma série de quebra-cabeças inicialmente fáceis, mas que depois iam se tornando mais difíceis. Ela observou por dias a reação das crianças e esperava entender como cada uma enfrentava as dificuldades, mas acabou tendo uma grande surpresa.

Tudo mudou quando um menino de 10 anos, ao se deparar com os quebra-cabeças mais difíceis, exclamou: "Adoro um desafio!". Outro, com o mesmo espírito, filosofou satisfeito: "Sabe, eu já esperava aprender alguma coisa com isso!".

A autora escreveu: "Não apenas o fracasso não os desestimulava, como nem sequer imaginavam que estivessem fracassando. Achavam que estavam aprendendo". Assim nasceu o livro *Mindset*, que categoriza as pessoas em dois grupos: *mindset* fixo e *mindset* de crescimento.

A mentalidade de crescimento não se incomoda nem se deixa derrotar pelo fracasso, aprecia desafios e acredita que com esforço tudo é possível, ao passo que a marca registrada de uma mentalidade fixa é imaginar que as coisas são do jeito que são e que nem adianta tentar mudá-las. Também odeia errar por medo de críticas e *feedbacks* negativos.

Você pode ter um *mindset* vencedor! Vamos lá!

1. O PAPEL DAS FAMÍLIAS NA CONFIGURAÇÃO MENTAL

"Quando Deus põe uma porta à sua frente, entre. Depois você pensa como fazer!"

Parece uma coisa óbvia, mas não para quem tem o *mindset* do medo e do fracasso. Essas pessoas colocarão todos os obstáculos possíveis para não continuar seguindo em frente e crescendo.

Um bom exemplo foi uma história que ouvi de um rapaz quando tentava explicar por que sua vida profissional não progredia. Na raiz do problema, ele se lembrou de seu pai, que trabalhava havia quase 30 anos em um grande hipermercado e nunca subia de posição.

Ele contou que o chefe por várias vezes tentou promovê-lo, mas seu pai só via dificuldades e dizia: "Para quê? Será só mais trabalho e mais responsabilidade". Travado pelo medo, pelo comodismo e pela baixa autoestima, nem o aumento salarial lhe interessava. Estava preso em uma configuração mental empobrecida que acabou afetando o próprio filho.

> Não se preocupe com o fracasso. Preocupe-se com as chances que você perde quando nem mesmo tenta.
>
> **Sherman Finesilver**

2. É POSSÍVEL ALTERAR SUA CONFIGURAÇÃO MENTAL?

Após os estudos de Carol Dweck que dividiram as pessoas em dois grupos, a questão que se tornou mais importante é: "Como, então, reconfigurar a mente?". Como me livrar de uma configuração mental que trabalha contra o meu progresso e crescimento e até sabota as minhas possibilidades de evolução?

A neurociência diz que é possível mudar um *setup* mental a partir das experiências vividas.

Vou explicar melhor com um exemplo: Cada neurônio — ou células dos nossos cérebros — está conectado a milhares de outros, e essas conexões mudam o tempo todo como resultado das nossas experiências.

Certas experiências fazem com que novas conexões se formem ou se fortaleçam, tornando o cérebro mais inteligente e eficiente. Isso foi provado em um estudo com ratos.

Pesquisadores colocaram pequenos roedores em gaiolas vazias sem nada para fazer além de comer e dormir. Outros ratos foram colocados em gaiolas mais estimulantes e desafiadoras, com quebra-cabeças e outros ratos para interagir. Eles descobriram que as atividades que cada rato fazia em seu dia a dia afetavam suas conexões cerebrais.

No final do experimento, eles examinaram os cérebros de cada grupo de ratos. Os que foram colocados em um ambiente desafiador, com labirintos e outros ratos, tinham cérebros muito mais densos, interconectados e pesavam mais. O mais importante, eles também eram mais espertos; eram melhores em resolver problemas e aprender coisas novas.

Uma vez que nos submetemos a atividades novas e mais desafiadoras, o nosso cérebro vai melhorando e a nossa postura mental se altera. Não é incrível?

O cérebro e a mente prosperam à medida em que são desafiados. Ao adotarem um *mindset* construtivo, nunca mais verão o fracasso como falta de inteligência ou incompetência, mas como um trampolim estimulante para o crescimento e para expandir suas habilidades.

3. O QUE A BÍBLIA DIZ SOBRE CONFIGURAÇÃO MENTAL

Ela nos fala que podemos reprogramar a mente, a passar a ter novas atitudes a partir de uma renovação daquilo que costumávamos fazer:

> *Não se amoldem ao padrão deste mundo, mas transformem-se pela renovação da sua mente, para que sejam capazes de experimentar e comprovar a boa, agradável e perfeita vontade de Deus.* (Romanos 12.2)

Veja alguns exemplos bíblicos para ilustrar o que estou explicando:

a) Gideão — *mindset* fixo

Gideão era tímido, melancólico, até um pouco depressivo. Não tinha condições de mudar sua própria história, mas, ao ser chamado para uma missão além das suas forças naturais, creu (depois de alguns sinais).

> *Então o Anjo do Senhor apareceu a Gideão e lhe disse: "O Senhor está com você, poderoso guerreiro". "Ah, Senhor", Gideão respondeu: "se o Senhor está conosco, por que aconteceu tudo isso? Onde estão todas as suas maravilhas que os nossos pais nos contam quando dizem: 'Não foi o Senhor que nos tirou do Egito?' Mas agora o Senhor nos abandonou e nos entregou nas mãos de Midiã". O Senhor se voltou para ele e disse: "Com a força que você tem, vá libertar Israel das mãos de Midiã. Não sou eu quem o está enviando?" "Ah, Senhor", respondeu Gideão, "como posso libertar Israel? Meu clã é o menos importante de Manassés, e eu sou o menor da minha família". "Eu estarei com você", respondeu o Senhor, "e você derrotará todos os midianitas como se fossem um só homem". (Juízes 6.12-16)*

A fé, não nele mesmo, mas em Deus, foi o catalisador para uma virada em sua vida. A partir do momento em que ele se sente impelido e estimulado por Deus a enfrentar aquele desafio e encara a empreitada, seu cérebro estabelece novas e mais fortes conexões e sua mentalidade se transforma.

Muitos, como Gideão, têm uma visão distorcida de si e jamais conseguirão acreditar em seu potencial, muito menos mudar seu *mindset*, a não ser que 'uma voz paterna poderosa' interfira e pronuncie palavras afirmativas, transformadoras e capazes de nos impulsionar: "Já que eu estou contigo, você vai conseguir. Eu sou a sua retaguarda. Eu darei a você o meu espírito, a minha inteligência; eu abrirei as portas fechadas".

b) Davi — *mindset* de crescimento

Davi, ao contrário de Gideão, já tinha naturalmente uma configuração mental construtiva, de guerreiro. Enquanto apascentava as ovelhas, enfrentou um leão e um urso para defendê-las.

Quando chegou ao campo de batalha e viu todos acuados, chamou para si a responsabilidade e não se acovardou. Mas suas palavras também revelam que sua fé não estava inteiramente em seu espírito aguerrido e na força de seu braço: "O Senhor que me livrou das garras do leão e das garras do urso me livrará das mãos desse filisteu".

> *Davi disse a Saul: "Ninguém deve ficar com o coração abatido por causa desse filisteu; teu servo irá e lutará com ele". Respondeu Saul: "Você não tem condições de lutar contra esse filisteu; você é apenas um rapaz, e ele é um guerreiro desde a mocidade". Davi, entretanto, disse a Saul: "Teu servo toma conta das ovelhas de seu pai. Quando aparece um leão ou um urso e leva uma ovelha do rebanho, eu vou atrás dele, dou-lhe golpes e livro a ovelha de sua boca. Quando se vira contra mim, eu o pego pela juba e lhe dou golpes até matá-lo. Teu servo pôde matar um leão e um urso; esse filisteu incircunciso será como um deles, pois desafiou os exércitos do Deus vivo. O S<small>ENHOR</small> que me livrou das garras do leão e das garras do urso me livrará das mãos desse filisteu". Diante disso Saul disse a Davi: "Vá, e que o S<small>ENHOR</small> esteja com você". [...] Olhou para Davi com desprezo, viu que era só um rapaz, ruivo e de boa aparência, e fez pouco caso dele. Disse ele a Davi: "Por acaso sou um cão, para que você venha contra mim com pedaços de pau?" E o filisteu amaldiçoou Davi, invocando seus deuses, e disse: "Venha aqui, e darei sua carne às aves do céu e aos animais do campo!" Davi, porém, disse ao filisteu: "Você vem contra mim com espada, com lança e com dardos, mas eu vou contra você em nome do S<small>ENHOR</small> dos Exércitos, o Deus dos exércitos de Israel, a quem você desafiou". (1Samuel 17.32-37; 42-45)*

c) **Jacó —** *mindset* **misto**

Obviamente, nem todas as pessoas se encaixam nos padrões descritos pela pesquisadora Carol Dweck. Existem aqueles que possuem esses dois espectros dentro de si: ora estão dispostas a enfrentar os desafios e manifestam o guerreiro interior; ora se mostram temerosas, inseguras e desistem facilmente de conquistas importantes.

Jacó, um dos patriarcas do povo hebreu — que gerou 12 filhos que deram origem às 12 tribos — é um bom exemplo. Dentro dele, havia um obcecado homem que sempre correu atrás do que desejava: a bênção da primogenitura e sua esposa Raquel, por quem trabalhou 14 anos.

Desde o nascimento, ele já demonstrava ser competitivo e até um tanto trapaceiro — nasceu agarrado ao calcanhar do irmão — mas o medo e a culpa também o atormentavam. Ele passou anos assombrado pelo temor de retornar ao seu país e ser morto pelo irmão. E o fato de ter enganado seu pai também lhe pesava.

Um dia, porém, seu encontro com Deus mudaria sua história e sua identidade (Gênesis 32.22-28). A Bíblia diz: "Então disse o homem: 'Seu nome não será mais Jacó, mas sim Israel, porque você lutou com Deus e com homens e venceu' " (v.28). Ele passou muitos anos fugindo, mas teve um encontro com a verdade de quem ele era e com a verdade de quem Deus é. Naquele momento, ele entendeu que precisava da bênção de Deus; compreendeu que toda sua persistência e obstinação o haviam levado até uma parte do caminho, mas não seriam o suficiente para a jornada completa. Apenas o realinhamento com o céu traria para a terra a revelação de seu propósito, de sua essência e de sua verdadeira identidade.

Temos outras histórias bíblicas que expõem essas diferenças de mentalidade, como os 10 espias em contraponto com Josué e Calebe.

Doze homens viram a mesma realidade, mas apenas dois conseguiram enxergar através dos obstáculos. Nessa história, o *mindset* deformado de 10 homens atrasaram em mais de 30 anos a entrada de um povo na terra da sua promessa.

Quanto a sua mentalidade temerosa, insegura e tímida já atrasou a sua vida?

Por meio desses exemplos, a Bíblia nos mostra que, seja qual for sua mentalidade, poderá ser transformada, e o ponto de partida serão as novas experiências, fazer diferente o que você sempre fez, aceitar desafios.

Mas não se esqueça de que você deverá buscar um ponto de apoio fora de si mesmo, porque você vai errar, falhar e se decepcionar. Nessas horas, precisará desse 'forte auxílio' que a ajudará a prosseguir.

4. ATITUDES PARA DESENVOLVER UM *MINDSET* CONSTRUTIVO

— **Pare de buscar a aprovação de outras pessoas**. Quem vive buscando esse tipo de aprovação é por insegurança ou vaidade. Você não precisa disso! Busque a aprovação de Deus e, no máximo, das pessoas que você ama e confia.

— **Perdoe-se e comece de novo.** Você não é perfeita e vai errar muito. Aprendemos com os erros muito mais do que com os acertos.

— **Apague da mente os folclores sobre sorte e destino**. Destino, carma, sorte, isso tudo não vai determinar a sua caminhada. Arregace as mangas e trabalhe duro! É como diz o ditado: quanto mais cedo eu acordo, mais sorte eu tenho na vida. Quem vai conduzir a sua vida é Deus.

- **Valorize o processo acima do resultado**. A jornada é muito importante; isso quer dizer que aprendemos muito na caminhada, não apenas quando chegamos ao nosso objetivo.
- **Tenha fé.** Você já deve ter ouvido muito a frase "Acredite em você!". Agora, quero acrescentar: "Confie em quem é maior que você! Você vai precisar".

Não fui eu que ordenei a você? Seja forte e corajoso! Não se apavore nem desanime, pois o Senhor, o seu Deus, estará com você por onde você andar. (Josué 1.9)

5. VAMOS PRATICAR?

1º) Sobre você, é correto afirmar:

- ( ) Procuro sempre aprender e me transformar com *feedbacks* e críticas.
- ( ) A opinião das pessoas é muito importante para mim.
- ( ) Não vejo qualidades suficientes em mim para ser uma pessoa de sucesso.
- ( ) Amo desafios e não desisto até alcançar os meus objetivos.
- ( ) Estou sempre estudando e procurando aprender coisas novas.
- ( ) Acredito que a inteligência e o talento são características com as quais já nascemos.
- ( ) Desisto facilmente dos meus objetivos quando encontro obstáculos.
- ( ) Evito desafios por medo de fracassar e de ser criticada e julgada.

( ) Tenho medo de errar; então, prefiro nem tentar.
( ) Tenho inveja do sucesso das pessoas.
( ) Acredito que a inteligência e o talento podem ser desenvolvidos.
( ) O sucesso das pessoas me inspira.
( ) Parei de estudar depois da faculdade.
( ) Ignoro *feedbacks* e críticas.
( ) Aprendo com os meus fracassos.

2º) Avalie-se!

Seu *mindset* está mais para Gideão, Davi ou Jacó? De acordo com o que você leu, o que você pode e deve fazer para mudar a configuração da sua mente?

_____
_____
_____
_____
_____
_____
_____
_____
_____
_____
_____
_____
_____

_____
_____
_____
_____
_____

6. ORAÇÃO

"Senhor, ajude-me a ter um *mindset* vencedor. Eu não quero ficar presa a uma mentalidade de fracasso, mas desejo ter uma mentalidade nova, de crescimento! Não vou mais agir com medo e insegurança para tomar decisões, mas buscarei um direcionamento do Santo Espírito para mudar a forma de encarar os meus desafios a partir de agora! Amém!"

Neste capítulo você aprendeu a...

- Identificar seu *mindset* e configurá-lo para o crescimento.
- Limpar as influências negativas da família da sua configuração mental.
- Desafiar-se sempre para melhorar e expandir suas habilidades.
- Renovar e reprogramar sua mente por meio do estudo da Palavra.
- Desenvolver o *mindset* construtivo por meio de atividades.

Conquista da sabedoria

CAPÍTULO 11

Tudo que aprendemos tem que ser aplicado em nossa vida com sabedoria. Precisamos disso no nosso dia a dia, nas relações em família, no trabalho e em todas as áreas.

Infelizmente, vejo muitas mulheres sofrerem por falta de sabedoria. Boa parte delas tem conhecimento do que precisa fazer, de como precisa agir, mas não tem sabedoria de viver isso na prática.

Muitas pessoas confundem a sabedoria com o conhecimento, mas existe uma grande diferença entre esses conceitos.

> **Tudo deve ser aplicado à nossa vida com sabedoria.**

Vamos entender isso um pouco melhor.

1. CONHECIMENTO X SABEDORIA

Conhecer é entender, compreender, apreender algo por meio da experiência ou do raciocínio. Já a sabedoria é a capacidade de extrair o melhor de tudo que você aprendeu, ou seja, aplicar esses conhecimentos de forma prática! Posso dizer que a sabedoria, afinal, é o que traz sensatez e moderação para a vida.

A sabedoria é um dom de Deus, que ele pode conceder a todos aqueles que buscam.

> *Pelo Espírito, a um é dada a palavra de sabedoria; a outro, pelo mesmo Espírito, a palavra de conhecimento; a outro, fé, pelo mesmo Espírito; a outro, dons de cura, pelo único Espírito.* (1Coríntios 12.8,9)

A Bíblia nos ensina sobre a sabedoria do rei Salomão, filho do rei Davi. Salomão foi o rei mais próspero de Israel e também considerado o mais sábio entre todos: "Deus deu a Salomão sabedoria, discernimento extraordinário e uma abrangência de conhecimento tão imensurável quanto a areia do mar. A sabedoria de Salomão era maior do que a de todos os homens do oriente e do que toda a sabedoria do Egito" (1Reis 4.29,30).

É muito interessante notar que Deus perguntou a Salomão o que ele queria receber ao se tornar rei; ele pediu sabedoria. Veja esse trecho de 2Crônicas 1.7-12:

> *Naquela noite Deus apareceu a Salomão e lhe disse: "Peça-me o que quiser, e eu darei a você".*
>
> *Salomão respondeu: "Tu foste muito bondoso para com meu pai Davi e me fizeste rei em seu lugar. Agora, Senhor Deus, que se confirme a tua promessa a meu pai Davi, pois me fizeste rei sobre um povo tão numeroso quanto o pó da terra. Dá-me sabedoria e conhecimento, para que eu possa liderar esta nação, pois quem pode governar este teu grande povo?"*
>
> *Deus disse a Salomão: "Já que este é o desejo de seu coração e você não pediu riquezas, nem bens, nem honra, nem a morte dos seus inimigos, nem vida longa, mas sabedoria e conhecimento para governar o meu povo, sobre o qual o fiz rei, você receberá o que pediu, mas também lhe darei riquezas, bens e honra, como nenhum rei antes de você teve e nenhum depois de você terá".*

Salomão prosperou como nenhum rei antes dele. Um pouco dessa sabedoria sem precedentes pode ser encontrada nos livros de Provérbios, Eclesiastes e Cantares, todos de sua autoria.

Mas eu pergunto a você: Será que sabemos agir com sabedoria?

Estamos na era da tecnologia, da informação e das conexões. Vemos as crianças e os adolescentes com tanta desenvoltura no que diz respeito aos aparelhos digitais, os quais muitas vezes não sabemos nem ligar, não é verdade?

O fato deles saberem lidar com esse conhecimento digital não faz deles pessoas sábias. O fato de terem a informação na palma da mão não quer dizer que tenham sabedoria.

Lembre-se: a sabedoria não vem de homens, não vem dos milhares de informações que existem no Google nem de todos os livros que você ler ou dos cursos que fizer. Todos eles acrescentam conhecimento, mas a sabedoria vem de Deus:

"Pois o SENHOR é quem dá sabedoria; de sua boca procedem o conhecimento e o discernimento" (Provérbios 2.6,7).

Quem é a minha fonte de sabedoria? O Senhor!

Em Tiago 1.5 está escrito que quem precisa de sabedoria basta pedir, porque o Senhor a concede com abundância.

Pense! Nossos filhos são *informados,* mas muitas vezes não têm sabedoria:

— *Para se relacionar.*
— *Para decidir.*
— *Para crescer.*

E você, quanto precisa desta sabedoria?

2. UMA MULHER VIRTUOSA E SÁBIA

O livro de Provérbios cita dois tipos de mulheres: a rixosa e a virtuosa, mostrando a diferença entre a mulher que edifica a casa e a mulher que a destrói.

Características da mulher rixosa:

A palavra "rixosa" vem de rixa, disputa ou contenda, acompanhada de injúrias e, por vezes, pancadaria, briga, discórdia, desavença. Desordem proveniente de ódio ou espírito de vingança.

O que a Bíblia diz sobre esse tipo de postura? Que é como se essa pessoa fosse uma goteira.

> *A esposa briguenta é como o gotejar constante num dia chuvoso; detê-la é como deter o vento, como apanhar óleo com a mão.* (Provérbios 27.15,16)

A mulher virtuosa é reconhecida pela sua sabedoria, porque sabe aplicar seus conhecimentos:

— Mulher que expressa qualidades raras (pérola de grande valor).
— Mulher que procura em tudo fazer o melhor; busca a excelência.
— Mulher que não mede esforços pelo bem de sua família.

Encontramos em Provérbios as características apostólicas da mulher virtuosa:

1º) É confiável:

> *Seu marido tem plena confiança nela e nunca lhe falta coisa alguma.* (Provérbios 31.11)

O marido confia nela; existe uma parceria para a prosperidade.

2º) É trabalhadora:

> *Escolhe a lã e o linho e com prazer trabalha com as mãos.* [...] *Como os navios mercantes, ela traz de longe as suas provisões.*

[...] *Antes de clarear o dela ela se levanta, prepara comida para todos os de casa e dá tarefas às suas servas.* [...] *Cuida dos negócios de sua casa e não dá lugar à preguiça.* (Provérbio 31.13, 14, 15 e 27)

Trabalha dentro e fora de casa.

3º) É conquistadora:

Ela avalia um campo e o compra; com o que ganha planta uma vinha. (Provérbios 31.16)

Busca realizar os seus sonhos e os sonhos da família.

4º) É forte:

Entrega-se com vontade ao seu trabalho; seus braços são fortes e vigorosos. (Provérbios 31.17)

Sabe ser forte quando necessário.

5º) É próspera:

Administra bem o seu comércio lucrativo, e a sua lâmpada fica acesa durante a noite. [...] *Ela faz vestes de linho e as vende, e fornece cintos aos comerciantes.* (Provérbios 31.18 e 24)

Busca também a realização financeira.

6º) É piedosa e bondosa:

Ela só lhe faz o bem, e nunca o mal, todos os dias da sua vida. [...] *Nas mãos segura o fuso e com os dedos pega a roca. Acolhe os necessitados e estende as mãos aos pobres.* (Provérbios 31.12, 19 e 20)

Procura sempre o bem; não o mal.

7º) É corajosa:

> *Não teme por seus familiares quando chega a neve, pois todos eles vestem agasalhos. Faz cobertas para a sua cama; veste-se de linho fino e de púrpura.* (Provérbios 31.21,22)

Não se abate com as dificuldades, mas é potencializada por meio delas.

8º) Tem visão:

> *Reveste-se de força e dignidade; sorri diante do futuro.* (Provérbios 31.25)

Não é imediatista; sabe planejar o futuro.

9º) É sábia no falar:

> *Fala com sabedoria, e ensina com amor.* (Provérbios 31.26)

Não abre a boca precipitadamente.

10º) Tem um relacionamento com Deus:

> *A beleza é enganosa, e a formosura é passageira; mas a mulher que teme o Senhor será elogiada.* (Provérbios 31.30)

Sabe o valor da unção e busca crescer espiritualmente.
E quais são as bênçãos da mulher sábia?
Provérbios 31.28, 29 e 31:

> *Seus filhos se levantam e a elogiam; seu marido também a elogia, dizendo: "Muitas mulheres são exemplares, mas você a*

todas supera" [...] *Que ela receba a recompensa merecida, e as suas obras sejam elogiadas à porta da cidade.*

— É honrada dentro e fora de casa.
— Sobressai entre as demais mulheres.
— Recebe o fruto da sua dedicação.

3. SABEDORIA NA PRÁTICA

Neste tópico veremos 12 aspectos para você conviver melhor com as pessoas da sua família, do seu trabalho e do seu ministério, em outras palavras, para viver com mais sabedoria.

1º — Deixe o clima mais leve com o seu bom humor

Nem sempre escolhemos as tempestades pelas quais vamos passar, mas depende de nós como as enfrentaremos. Por isso, seja o extintor, não o isqueiro. Seja uma fonte, não uma represa. Seja a chuva que rega a plantação não o incêndio que desmata a floresta. Não seja aquela que desperta o pior dos outros. Em outras palavras, não seja "a chata". Tenha reações e atitudes positivas.

2º — Ame as pessoas e use as coisas – não o contrário

Na fase de quarentena devido à pandemia por Covid-19, havia pessoas mais preocupadas em não perder dinheiro do que em não perder pessoas. Lembre-se de que as pessoas não são objetos para você usá-las e depois descartá-las.

3º — Seja uma boa ouvinte para ser uma boa conselheira

A humildade é um dos pilares da sabedoria. Por isso, esteja aberta a opiniões e críticas. Não apenas dê atenção às pessoas, mas preste atenção no que elas têm a dizer.

4º — Cuidado com o excesso de ciúmes

Já falamos sobre isso, mas quero reforçar. Talvez, sem perceber, você esteja sufocando as pessoas que estão ao seu redor. Lembre-se de que ninguém vive para ter você como prioridade.

No ministério, não formamos pessoas para nós, formamos pessoas para os propósitos de Cristo.

Nós formamos os nossos filhos para alçarem voos mais altos, não para permanecerem no ninho.

5º — Pense muito antes de falar

Antes de falar, faça uma análise das suas motivações: "O meu objetivo é ter razão ou resolver o problema?".

Antes de falar qualquer coisa, pondere: "O que eu estou prestes a dizer vai agredir ou ajudar?". "Essa pessoa está, neste momento, emocionalmente preparada para receber esta informação?".

Antes de falar, avalie: "O que estou prestes a dizer vai me afastar ou me aproximar dos planos que Deus tem para mim?".

Não faça, com as suas palavras, uma aliança com o problema, mas com a promessa!

Para finalizar: Quando criticar alguém, escolha as palavras certas para você não constranger ou condenar. Exorte e dê *feedbacks* construtivos que ajudem a pessoa a melhorar e a se aperfeiçoar.

6º — Seja mais tolerante, principalmente com as diferenças e limitações dos outros

Olhe para o outro como se fosse você. Ponha-se mais no lugar das pessoas e você as compreenderá. Seja mais misericordiosa, pois, assim como todos, você também tem dias difíceis.

7º — Respeite o espaço, os momentos, os sentimentos e as opiniões dos outros

Lembre-se de que você não é somente um indivíduo, mas a parte de um todo. Nem tudo precisa ser do seu jeito e no seu tempo.

8º — Evite comparações e competições

Relacionamentos não são um jogo. Você não tem sempre de preencher um placar ou ser o juiz da partida. Lembre-se de que é melhor unir do que medir forças.

9º — Não guarde mágoas

A falta de perdão é um câncer que corrói a nossa alma, tornando-nos amargas, pessoas impossíveis de conviver. Escolha superar em vez de continuar sofrendo.

10º — Não tenha receio de reconhecer os seus erros e fraquezas

Reconhecer os próprios erros não é sinal de fraqueza, mas de humildade, e a humildade é um dos pilares da sabedoria.

11º — Nunca pague com a mesma moeda

A nossa sede de vingança não produz a justiça de Deus. Aprenda a vencer o mal com o bem!

Jesus foi bem claro: "Amem os seus inimigos e orem por aqueles que os perseguem" (Mateus 5.44).

Ele não só pregou, mas deixou um grande exemplo entregando-se por todos. Em vez de condenar aqueles que vibraram com sua crucificação, Jesus clamou por misericórdia: "Pai, perdoa-lhes, pois não sabem o que estão fazendo" (Lucas 23.34).

12º — Seja mais grata, generosa e gentil

Trate os outros como você gostaria de ser tratada. Lembre-se de que conquistamos muito mais com gentileza do que com gritos.

Todas as pessoas têm uma maneira diferente de demonstrar amor. Procure reconhecer os pequenos gestos de carinho e o esforço de quem convive com você. Lembre-se de que a base do evangelho é o amor e que não existe amor sem doação.

4. VAMOS PRATICAR? EXERCÍCIO A.M.E.

Aprender

Escreva as áreas/situações nas quais você precisa **aprender** *a ter sabedoria*, nas quais tem sabedoria zero e para as quais precisa iniciar um plano de construção de sabedoria.

_____

_____

Melhorar

Escreva as áreas/situações nas quais você precisa **melhorar** em *sabedoria*. Muitas vezes, trata-se de áreas nas quais você já foi mais eficiente, mas que precisam ser melhoradas.

_____

_____

Ensinar

Escreva as áreas/situações nas quais você pode **ensinar** alguém *a ter sabedoria*. Você é Abigail, já venceu, está habilitada e pode ajudar e aconselhar sobre sabedoria.

_____

_____

5. ORAÇÃO

"Senhor, eu te peço para ter sabedoria em todas as áreas da minha vida. Nas minhas decisões, ao enfrentar desafios, nos meus relacionamentos familiares e profissionais. Quero ser uma mulher que tenha conhecimento e sabedoria para aplicar esses ensinamentos à minha vida. Santo Espírito, peço que me conduzas neste propósito e me ajude a aprender a ser a cada dia mais sábia e virtuosa! Amém!"

Neste capítulo você aprendeu a...

- Aplicar em sua vida com sabedoria o que você aprende.
- Buscar a sabedoria de Deus.
- Ser uma mulher virtuosa com base nas características apostólicas.
- Praticar a sabedoria no seu dia a dia, em todas as situações.
- Identificar as áreas em que detém mais ou menos sabedoria.

+QV

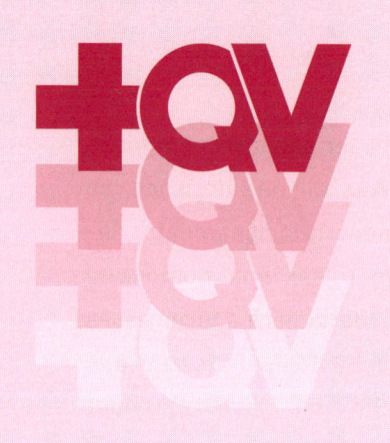

Comunidade Pink

Depois de tudo o que você aprendeu até aqui, certamente está pronta para seguir em frente sendo vencedora em todas as áreas da sua vida. Mas não se engane, ninguém vive sozinho! Em primeiro lugar, lembremos que Jesus nunca vai abandonar você: "Ensinando-os a obedecer a tudo o que eu ordenei a vocês. E eu estarei com vocês, até o fim dos tempos" (Mateus 28.20). Não devemos nunca nos esquecer que é na nossa comunhão que reside grande parte da nossa força.

A leitura deste livro representa um primeiro passo importante na sua caminhada, mas agora você precisa praticar tudo o que aprendeu aqui. Precisa se fortalecer no seu dia a dia, e isso será muito mais fácil se você estiver inserida em uma comunidade que compartilha os mesmos propósitos. Fomos criadas para viver em comunidade.

Uma comunidade é um grupo de seres humanos que partilham elementos em comum, como: idioma, costumes, localização geográfica, visão de mundo ou valores. *Comunidade* tem como sinônimos: *concordância, conformidade, convergência, harmonia, identidade* e *uniformidade*. Então, o objetivo da comunidade é gerar conexões. Seu desenvolvimento brota de um sentido de representatividade e pertencimento.

Fomos criadas para viver em comunidade.

Tudo começa com conexões pessoais, que evoluem para o compartilhamento de ideias com amigos mais chegados, até crescer a ponto de se tornarem pequenas redes que agregam causas. Grupos representativos podem se tornar rapidamente estruturas sociais, podendo alcançar um nível nacional. Em um nível global, as comunidades podem unir as pessoas em torno de uma experiência compartilhada, atribuindo um sentido de que somos parte de algo maior do que os nossos problemas e medos.

A Igreja Renascer, por exemplo, nasceu em uma pequena comunidade. Começou quando abrimos nossa casa para acolher 12 jovens que estavam no processo de libertação contra o vício das drogas. Eram pessoas de realidades totalmente diferentes, mas unidas pelo amor de Jesus e a visão de reconstruir e restaurar vidas por meio do amor dele.

Assim é a Comunidade Mais que Vencedoras (+QV), que gosto de chamar carinhosamente de "Comunidade Pink". É nela que nos conectamos, nos ajudamos mutuamente, nos apoiamos para crescer juntas e aprender a superar os obstáculos.

Fazer parte dessa comunidade vai ajudar você a seguir em frente, a vencer as batalhas do dia a dia, a ser uma mulher feliz a despeito das circunstâncias ao redor. Gosto muito de chamar essa comunidade de "exército" porque é assim que nos enxergo: um exército *pink* de mulheres prontas para vencer os obstáculos e avançar!

1. POR QUE ROSA?

Existe muito preconceito com essa cor. Já ouvi pessoas afirmarem que a cor está associada a futilidades, mas isso é uma bobagem. A cor rosa, ou *pink*, é a união de duas cores muito significativas: branco e vermelho.

Acho interessante pois o branco é a mistura de todas as cores. Isso mesmo! As cores são luzes emitidas pelo sol ou pela lâmpada elétrica que imita a luz solar. Quando esses raios de luz chegam até os nossos olhos ao mesmo tempo, enxergamos o branco.

A cor branca é a junção de todas as cores do espectro de cores. É definida como "a cor da luz", que reflete todos os raios luminosos, proporcionando clareza, além de ser um símbolo de paz, santidade e do Santo Espírito.

Já o vermelho simboliza o sangue de Cristo, que morreu na cruz para que fôssemos salvas. Essas cores têm tudo a ver com a mensagem transformadora do evangelho, por meio da ação do Santo Espírito em nós, ou seja, ser luz em todos os ambientes.

Na Comunidade Pink, além de todo apoio espiritual e direcionamento para a vida, vamos discutir alguns temas da atualidade que fazem parte da nossa vida moderna.

2. GUERRA DOS SEXOS

Este virou um tema superdelicado neste tempo em que estamos vivendo e, ao mesmo tempo, um tema exaustivamente debatido. Parece que precisamos escolher um lado, homens e mulheres vivem se enfrentando numa guerra que parece não ter fim. Será que não podemos conviver em paz, em parceria, sem que um dos lados tenha de subjugar o outro?

Eva foi criada a partir da costela de Adão, para ser um complemento fundamental da criação, não para ser alguém inferior ou superior ao homem. Foi formada como auxiliadora, parceira, para que, assim, ambos dividissem as responsabilidades e compartilhassem as alegrias de viver naquele paraíso. No entanto, ambos deixaram as dúvidas e inseguranças promoverem divisão, agiram de forma desgovernada e inconsequente.

Quando o homem luta contra a mulher, e vice-versa, os dois saem perdendo. Mas, quando se unem em torno de um propósito, conseguem avançar e encontrar a felicidade e a paz.

> *Todo reino dividido contra si mesmo será arruinado; e toda cidade ou casa dividida contra si mesma não subsistirá.*
> (Mateus 12.25)

O mesmo acontece em relação à sororidade, ou seja, a relação de irmandade, união, afeto ou amizade entre mulheres. Demonstrar sororidade significa estabelecer uma relação entre as mulheres apoiada na empatia e no companheirismo. É quando buscamos nos pôr no lugar da outra em vez de julgar, mantendo relacionamentos e atitudes positivas.

Este é o nosso objetivo! Você é única, mas não está sozinha, faz parte de um exército.

Queremos derrubar também a rivalidade feminina, quebrando as barreiras das comparações, das competições e das confusões que essa rivalidade — muitas vezes velada — gera. Assim, estimulamos a cooperação e o companheirismo, não a comparação e a competição.

Aliás, este é um princípio espiritual:

> *É melhor ter companhia do que estar sozinho, porque maior é a recompensa do trabalho de duas pessoas. Se um cair, o amigo pode ajudá-lo a levantar-se. Mas pobre do homem que cai e não tem quem o ajude a levantar-se.*
> (Eclesiastes 4.9,10)

A nossa força está na união; por isso, não se exclua. Nem se compare! Temos a mania de fazer comparações. Vejo isso frequentemente, por exemplo, nas mulheres que buscam ser mais saudáveis, às vezes querendo perder peso. Ficam comparando seu desempenho com o de outras mulheres. Seu foco deve ser superar as suas limitações e se desenvolver, pois cada uma tem um desempenho e resultados diferentes. O mesmo acontece nas redes sociais, nas quais há uma superexposição por parte de muitas pessoas, gerando muita comparação. Será que mostramos o que realmente vivemos, ou o que gostaríamos que as pessoas achassem que vivemos?

Para não sucumbirmos à toxidade que esse ambiente pode gerar, precisamos eliminar as comparações e as deduções.

Vemos um post de uma mulher bonita e pensamos: "Ela é magra, bonita e rica. Por isso, tudo dá certo para ela! Enquanto ela está lá neste lindo cenário paradisíaco, no meio das montanhas, eu estou aqui entre duas pilhas — a de louça para lavar e a de roupas para passar. Essa daí deu certo na vida. Se eu fosse assim, tão linda e rica, a minha vida seria melhor". Será? Quem sabe disso?

Sabe qual vida é perfeita? Nenhuma! Mas Deus tem coisas maravilhosas para você viver. Mesmo assim, sempre teremos desafios a superar. Ninguém tem todas as coisas que deseja, mas você aprende a ser feliz em toda e qualquer situação.

Os estudiosos reconhecem que um dos sentimentos mais relacionados às mídias sociais não é a alegria que todos demonstram ter, e sim a inveja. Uma pesquisa feita pelas universidades alemãs Humboldt e Técnica de Darmstadt concluiu que uma em cada cinco pessoas aponta o Facebook como origem de seus sentimentos de cobiça e frustração.[1]

Se ser rica e bonita fosse sinônimo de felicidade, não haveria tantas mulheres lindas e ricas com depressão e se suicidando.

---

[1] Disponível em: https://www.sciencedaily.com/releases/2013/01/130121083028.htm. Acesso em: 16 maio 2021.

> **Precisamos ajustar as nossas motivações e expectativas. As experiências se complementam, os grupos se ajudam, a comunicação pode salvar vidas.**

Outro mito das redes sociais é achar que seu nível de influência e relevância é determinado pela quantidade de seguidores ou de curtidas. Não se esqueça de que o número de curtidas e seguidores pode ser manipulável. O que importa, na verdade, é o engajamento, que consiste na interação e no envolvimento das pessoas com aquele conteúdo. O que é verdadeiro é o impacto que geramos. Por isso, precisamos ajustar motivações e expectativas. As experiências se complementam, os grupos se ajudam e a comunicação pode salvar vidas!

Tenho uma experiência muito marcante nesse sentido que gostaria de compartilhar com vocês: em uma das nossas *lives*, certa vez, entrou uma moça que nunca havia pisado em uma igreja. Naquele dia, curiosamente, ela recebeu uma notificação e quis acompanhar a *live*. Ela testemunhou depois que estava decidida a se suicidar, mas ouviu uma palavra que a fez mudar totalmente de direção. A data da morte dela se transformou na data do seu renascimento em Cristo.

Só pela vida dela valeu tudo o que fizemos nesta pandemia. Sem contar os milhares de testemunhos que recebemos. Isso vale muito mais do que ter milhões de seguidores.

Agora pare e faça uma reflexão: Quais são as suas motivações?

3. NÃO SOMOS UMA MARCA

Por falar em motivação correta, quero garantir a você que a nossa não foi criar uma marca. Lembro-me perfeitamente de quando começamos a sonhar com o projeto +QV. Nunca quisemos criar mais um movimento popular e cheio de seguidores "cegos", daqueles em que as pessoas aderem pelo "efeito manada".

Buscamos desenvolver um sistema integrado, um organismo vivo. Cada uma de nós é diferente e uma parte fundamental para que todas se movam e se desenvolvam de maneira saudável. Quero ajudar você a desenvolver a sua melhor versão, ou seja, a sua verdadeira identidade em Cristo. Em outras palavras, quem você nasceu para ser.

Você não é mais uma na multidão, ou só um número entre as centenas de milhões de mulheres que habitam neste planeta; você é única e faz diferença.

No mundo há 7 bilhões de pessoas, mas nenhuma delas é como você! Há um propósito de Deus que só você pode realizar.

4. MULHERES DE DEUS

Para finalizar, quero que você tenha certeza de que Deus nunca colocou a mulher em segundo plano. As mulheres, por exemplo, sempre tiveram um papel fundamental no ministério de Jesus.

Sabe quem foram as primeiras pessoas a testemunhar a ressurreição de Jesus? As mulheres. E não só isso. Elas foram as primeiras a levar as boas-novas:

> *O anjo disse às mulheres: "Não tenham medo! Sei que vocês estão procurando Jesus, que foi crucificado. Ele não está aqui; ressuscitou, como tinha dito. Venham ver o lugar onde ele jazia. Vão depressa e digam aos discípulos dele: Ele ressuscitou dentre os mortos e está indo adiante de vocês para a Galileia. Lá vocês o verão. Notem que eu já os avisei".* (Mateus 28.5-8)

Três mulheres que fizeram parte do movimento da igreja apostólica primitiva. A essência da igreja apostólica, que é a nossa também, é descrita perfeitamente no texto abaixo:

> Eles se dedicavam ao ensino dos apóstolos e à comunhão, ao partir do pão e às orações. Todos estavam cheios de temor, e muitas maravilhas e sinais eram feitos pelos apóstolos. Os que criam mantinham-se unidos e tinham tudo em comum. Vendendo suas propriedades e bens, distribuíam a cada um conforme a sua necessidade. Todos os dias, continuavam a reunir-se no pátio do templo. Partiam o pão em casa e juntos participavam das refeições, com alegria e sinceridade de coração, louvando a Deus e tendo a simpatia de todo o povo. E o Senhor lhes acrescentava diariamente os que iam sendo salvos. (Atos 2.42-47)

Há três características marcantes das mulheres na Bíblia que foram fundamentais na comunidade em que cada uma delas participava:

1ª) Febe

> Recomendo a vocês a nossa irmã Febe, serva da igreja em Cencreia. Peço que a recebam no Senhor, de maneira digna dos santos, e lhe prestem a ajuda de que venha a necessitar; pois tem sido de grande auxílio [protetora] para muita gente, inclusive para mim. (Romanos 16.1)

Característica: **PROTETORA**

Deus quer levantar uma geração de mulheres protetoras, sem desânimo, que não desistam, que não abandonem seu casamento, filhos, propósito e a Deus.

2ª) Júnias

> *Saúdem Andrônico e Júnias, meus parentes que estiveram na prisão comigo. São notáveis entre os apóstolos, e estavam em Cristo antes de mim.* (Romanos 16.7)

Característica: **NOTÁVEL**

Deus quer levantar uma geração de mulheres notáveis, de grande relevância na sociedade.

Ele quer usar a sua história para construir a história de outras mulheres; as suas dores para curar outras mulheres, os seus valores para resgatar os valores da sociedade.

Sua identidade será notável:
— No ambiente espiritual.
— Na sociedade.

Você definirá situações e resultados:
— Na sua casa, no seu trabalho, nos estudos, onde quer que você vá.

Você será reconhecida como mulher sábia:
— Em todos os ambientes, incluindo no meio digital, em todas as áreas.

Muitas blogueiras, durante a pandemia, deixaram de ser relevantes, pois, sem sair de casa, elas não tinham mais o que mostrar. Por quê? São vazias! Você terá o que mostrar, pois não será nada sobre você, mas sobre quem Deus é e o que ele fez por você.

3ª) Priscila

> *Logo começou a falar corajosamente na sinagoga. Quando Priscila e Áquila o ouviram, convidaram-no para ir à sua casa e lhe explicaram com mais exatidão o caminho de Deus.* (Atos 18.26)

Característica: **COMPANHEIRA**

O apóstolo Paulo, logo que conheceu Priscila e Áquila, o esposo dela, os levou consigo. Priscila foi um grande apoio para o ministério de Paulo.

> *Saudai Priscila e Áquila, meus colaboradores em Cristo Jesus. Arriscaram a vida por mim. Sou grato a eles; não apenas eu, mas todas as igrejas dos gentios. Saúdem também a igreja que se reúne na casa deles.* (Romanos 16.3-5)

Deus pode fazer nascer de você uma mulher que vai transformar outras mulheres, outras vidas, outras famílias.

Então, agora, é com você! Venha fazer parte desta Comunidade Pink!

> **Deus pode fazer nascer de você uma mulher que vai transformar outras mulheres, outras vidas, outras famílias.**

5. FAÇA PARTE DESTA COMUNIDADE!

Para conhecer mais sobre este projeto e se inscrever para participar, basta acessar o site: <www.maisquevencedoras.com.br>.

Após sua inscrição, uma discipuladora entrará em contato com você, uma mulher que vai inclui-la em um grupo em que você receberá apoio diário, orações e poderá compartilhar suas experiências.

Nesse site também desenvolvemos um planejamento de leitura bíblica para que você possa se manter sempre conectada com Deus. Além disso, terá acesso a depoimentos e desafios que vão edificar você e ajudá-la nesse processo de transformação.

Poderá também conhecer um pouco mais do +QV Fit, um plano maravilhoso para que você possa ter mais saúde e viver melhor.

Acompanhe sempre as novidades nas nossas redes sociais:

Instagram: @maisqv

Facebook: @MaisQueVencedoras

6. VAMOS PRATICAR?

Entre no projeto Mais que Vencedoras e se disponha a ler um capítulo da Bíblia por dia e acompanhar as *lives* diárias que acontecem pela manhã no meu Instagram (@FernandaHernandesOficial).

Exercício: Como você se enxerga como mulher? Se tivesse que expressar quem você é por meio de um desenho ou símbolo, qual seria? Desenhe algo que possa simbolizar você (não interessa se você não sabe desenhar, faça da melhor maneira que puder).

Compartilhe esse símbolo com alguma amiga de confiança, mas antes pergunte como ela vê você. Compare a versão dela com a sua. E, por fim, ore e pergunte a Deus qual é a mulher que ele vê em você.

7. ORAÇÃO

"Senhor, eu não quero mais ser uma mulher triste, abatida, derrotada, paranoica. Não quero mais me sentir sozinha, abandonada e isolada. Eu entendi que posso fazer parte de um corpo, que posso desenvolver o meu potencial com a ajuda de Jesus e de um grupo de mulheres +QV. Quero me comprometer a mudar, a partir de hoje, a fazer algo para transformar a minha vida e a aprender a ser verdadeiramente mais que vencedora! Amém!"

Vou deixar para você 12 conselhos práticos...

1. Ame-se e respeite-se — isso fará você se conhecer melhor.
2. Perdoe sempre, o perdão é a nossa ponte para a paz.
3. Sonhe como criança, sonhos são as estrelas que conduzem você a vitórias.
4. Cuide das suas emoções, elas podem trabalhar contra ou a favor de você.
5. Saiba decifrar os códigos, as boas mensagens estão em toda as partes quando sabemos enxergá-las.
6. Supere-se com novas atitudes, o passado nunca definirá seu futuro.
7. Avance *apesar de*, não espere condições perfeitas para seguir em frente, apenas siga.
8. Atravesse o portal da sua felicidade; transformação existe e começa em você, seja a mudança que você tanto deseja.
9. Saiba quais são seus pontos fortes e veja se eles emitem sinais vitais.
10. Assim como imaginamos, nós nos tornamos, abra-se para a sua nova versão.
11. Ame a sabedoria, ela conduzirá você ao seu lugar de triunfo.
12. Multiplique suas conquistas, quando repartimos verdades, florescemos amor.

Mas, em todas estas coisas somos mais que vencedores, por meio daquele que nos amou.

Romanos 8.37

+QV

conclusão

Chegamos ao final desta jornada! Foram 12 capítulos, e posso afirmar, sem sombra de dúvidas que, se você colocou em prática todos os pontos que aprendemos, a sua vida já começou a mudar. Quando iniciamos esta caminhada de autoconhecimento, perdão e busca de novos conhecimentos, abrimos grandes portas em nossa vida.

A minha intenção aqui não foi dizer a você exatamente o que e como fazer, mas apontar caminhos que levem você a construir o seu futuro tendo o Santo Espírito como mentor. É assim que busquei ajudá-las, compartilhando conhecimento e experiências que fizeram diferença na minha vida e ajudaram a formar a pessoa que sou hoje.

Eu estou totalmente pronta? Aprendi todas as lições? É claro que não! Ainda tenho muito a aprender! Assim como vocês, sei que ainda tenho muitas experiências com Deus para viver e novos testemunhos para contar.

O mais importante, a partir de agora, é que você não encare este momento como o fim de um processo, e sim como um novo começo. A vida é feita de novos começos e eles podem ser surpreendentes! Abra o coração e o entendimento para as coisas novas que estão por vir, compartilhe com amigas e amigos o que você aprendeu aqui, indique esta leitura se ela abençoou você e a ajudou a crescer. Esteja aberta a ter a sua mente transformada, os seus hábitos mudados, os seus horizontes ampliados.

O processo de transformação iniciado com esta jornada é diário, requer dedicação e uma boa dose de paciência e resiliência. Mas é muito bom sabermos que Deus está conosco em todos os passos da caminhada!

Desejo que você continue contando comigo e com a Comunidade *Pink*: um exército de mulheres que existe para segurar a sua mão, orar com você, apoiar você nos momentos difíceis.

Além deste discipulado, você pode acompanhar as *lives* que acontecem de segunda a sexta-feira no meu Instagram às 8h: @fernandahernandesoficial.

E também nos meus canais:

Youtube: www.youtube.com/fernandahernandes
Blog: http://bispafehernandes.com.br
Twitter: bpafehernandes
Facebook: fernandahernandesoficial

Sigamos em frente, exército! Mulheres restauradas, fortes, inteligentes, empoderadas, que sabem o que querem e como conquistar suas promessas!

Esta obra foi composta em *Arno Pro*
e impressa por Gráfica Viena sobre papel
Offset 70 g/m² para Editora Vida.